Ivan Kouchnir

Économie du Groenland

Série "Economie dans les pays"

première publication: 2020
dernière mise à jour: 2021-01-21

Ivan Kouchnir. Économie du Groenland. Série "Economie dans les pays". - 2020. - 68 pages.

Ce livre sur l'économie du Groenland des années 1970 aux années 2010. Données source provenant de UN Data.

Taille. Dans les années 2010, le PIB du Groenland s'élevait à 2,7 milliards de dollars par an; la valeur de l'agriculture était de 461,9 millions de dollars; la valeur de l'industrie était de 221,9 millions de dollars. Comme la part dans le monde était inférieure à 0,01%, le pays est classé en tant que micro-économie.

Productivité. Dans les années 2010, le produit intérieur brut par habitant était de 48 556,4 dollars; l'agriculture par habitant était de 8 176,1 dollars; l'industrie par habitant était de 3 927,8 dollars. Étant donné que la productivité est supérieure à la moyenne au-dessus de la moyenne, l'économie est classée comme hautement développée.

Croissance. Dans les années 2010, la croissance du produit intérieur brut était de 1,4%; la croissance de l'agriculture était de 1,7%; la croissance de l'industrie était de 4,2%.

Structure. Dans les années 2010, l'économie du Groenland était composée des secteurs suivants: services (43,0%), agriculture (17,5%), transport (12,6%), commerce (11,5%), industrie (10,4%), construction (5,0%).

Exportation et importation. Dans les années 2010, les importations étaient supérieures de 44,1% aux exportations, les importations nettes représentant 17,1% du PIB. La structure technologique des exportations n'est pas meilleure que la structure des importations.

Consommation et reproduction. L'attitude de la reproduction à l'égard de la consommation est meilleure que la moyenne mondiale, de sorte que la part du PIB dans le monde augmentera.

Série "Economie dans les pays": parallel.page.link/fr

© Ivan Kouchnir, 2020

Tous les droits sont réservés.

ISBN: 9798613755905

Contenu

Partie I. Taille	4
Chapitre I. Produit intérieur brut	5
Chapitre II. Valeur ajoutée	9
Chapitre III. Revenu national brut	13
Partie II. Structure	17
Chapitre IV. Agriculture	18
Chapitre V. Industrie	22
Chapitre 5.1. Fabrication	26
Chapitre VI. Construction	30
Chapitre VII. Transport	34
Chapitre VIII. Commerce	38
Chapitre IX. Services	42
Partie III. Relations extérieures	46
Chapitre X. Exportations	47
Chapitre XI. Importations	51
Partie IV. Consommation	55
Chapitre XII. Dépenses publiques	56
Chapitre XIII. Dépenses ménagères	60
Partie V. Reproduction	64
Chapitre XIV. Formation de capital fixe	65

Partie I. Taille

	Les années 2010
PIB	2,7 milliards de dollars
Partager dans le monde	0,0035%
Partager dans les Amériques	0,011%
Partager en Amérique septentrionale	0,014%

Chapitre I. Produit intérieur brut

Le produit intérieur brut du Groenland est passé de 227,9 millions de dollars par an dans les années 1970 à 2,7 milliards de dollars par an dans les années 2010, c'est-à-dire 2,5 milliards de dollars ou de 12,0 fois. La variation a été de 2,2 milliards de dollars en raison de l'augmentation de 4,8 fois des prix, et de 303,9 millions de dollars en raison de la croissance de productivité de 2,2 fois, et de 35,8 millions de dollars en raison de la croissance démographique. La croissance annuelle moyenne du PIB était de 2,7%. La valeur minimale était de 76,0 millions de dollars en 1970. La valeur maximale était de 3,1 milliards de dollars en 2018.

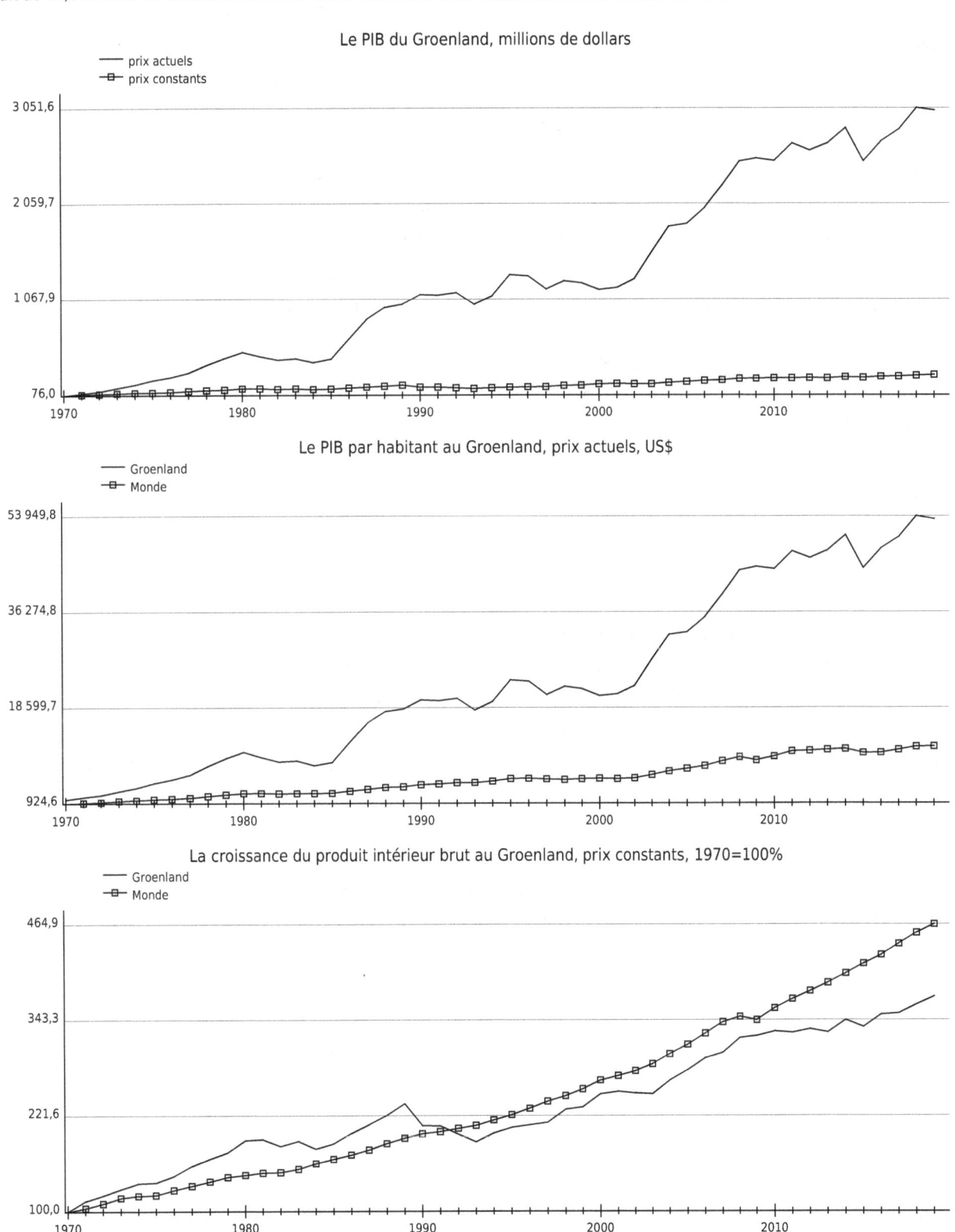

Les années 1970

Le produit intérieur brut du Groenland était de 227,9 millions de dollars par an dans les années 1970, se situant au 151ème rang mondial. La part dans le monde était de 0,0035% et de 0,010% dans les Amériques.

Le PIB du Groenland était constitué des dépenses ménagères (78,3%), de la formation de capital (39,4%) et des dépenses publiques (23,0%).

Le PIB par habitant au Groenland était de 4666 dollars dans les années 1970, se situant au 33ème rang mondial. Le PIB par habitant au Groenland était 2,9 fois supérieur le PIB par habitant au Monde (1 620,8 US$), et 15,4% supérieur le PIB par habitant dans les Amériques (4 044,6 US$).

La croissance du PIB au Groenland était de 6.4% dans les années 1970, se situant au 45ème rang mondial, à égalité avec l'Algérie (6,4%), le Qatar (6,4%), l'Islande (6,4%). La croissance du PIB au Groenland (6,4%) a été supérieure à celle du monde (4,1%), et supérieure à celle des Amériques (4,1%).

Comparaison avec les voisins. Le PIB du Groenland était inférieur à celui du Canada (166,4 milliards de dollars) et de l'Islande (1,5 milliards de dollars). Le produit intérieur brut par habitant au Groenland était inférieur à celui du Canada (7 284,8 de dollars) et de l'Islande (7 115,8 de dollars). La croissance du PIB au Groenland était supérieure à celle de l'Islande (6,4%) et du Canada (4,2%).

Comparaison avec les leaders. Le produit intérieur brut du Groenland était inférieur à celui des États-Unis (1,7 billions de dollars), de l'URSS (649,4 milliards de dollars), du Japon (558,0 milliards de dollars), de l'Allemagne (484,2 milliards de dollars) et de la France (333,2 milliards de dollars). Le produit intérieur brut par habitant au Groenland était supérieur à celui de l'URSS (2 574,9 de dollars); mais inférieur à celui des États-Unis (7 838,7 de dollars), de la France (6 214,9 de dollars), de l'Allemagne (6 148,9 de dollars) et du Japon (5 011,3 de dollars). La croissance du PIB au Groenland était supérieure à celle de l'URSS (4,8%), du Japon (4,6%), de la France (3,9%), des États-Unis (3,5%) et de l'Allemagne (3,1%).

Les années 1980

Le PIB du Groenland était de 627,4 millions de dollars par an dans les années 1980, au 148ème rang mondial. La part dans le monde était de 0,0042% et de 0,012% dans les Amériques.

Le produit intérieur brut du Groenland était constitué des dépenses ménagères (62,6%), des dépenses publiques (42,6%) et de la formation de capital (21,9%).

Le PIB par habitant au Groenland était de 11886.7 dollars dans les années 1980, se situant au 27ème rang mondial, à égalité avec la Belgique (11 862,5 de dollars), la Polynésie française (11 857,4 de dollars), l'Autriche (12 111,0 de dollars). Le produit intérieur brut par habitant au Groenland était 3,8 fois supérieur le produit intérieur brut par habitant au Monde (3 123,4 US$), et 45,5% supérieur le produit intérieur brut par habitant dans les Amériques (8 168,9 US$).

La croissance du produit intérieur brut au Groenland était de 3.1% dans les années 1980, se classant au 84ème rang mondial, à égalité avec les Caraïbes (3,0%), la Jordanie (3,1%), le Panama (3,1%). La croissance du PIB au Groenland (3,1%) a été supérieure à celle du monde (3,0%), et supérieure à celle des Amériques (2,8%).

Comparaison avec les voisins. Le PIB du Groenland était inférieur à celui du Canada (385,1 milliards de dollars) et de l'Islande (4,0 milliards de dollars). Le produit intérieur brut par habitant au Groenland était inférieur à celui de l'Islande (16 670,3 de dollars) et du Canada (14 994,6 de dollars). La croissance du produit intérieur brut au Groenland était supérieure à celle du Canada (2,8%); mais inférieure à celle de l'Islande (3,2%).

Comparaison avec les leaders. Le PIB du Groenland était inférieur à celui des États-Unis (4,2 billions de dollars), du Japon (1,8 billions de dollars), de l'Allemagne (990,0 milliards de dollars), de l'URSS (887,0 milliards de dollars) et de la France (729,5 milliards de dollars). Le produit intérieur brut par habitant au Groenland était supérieur à celui de l'URSS (3 222,9 de dollars); mais inférieur à celui des États-Unis (17 427,1 de dollars), du Japon (14 970,9 de dollars), de la France (12 907,5 de dollars) et de l'Allemagne (12 688,8 de dollars). La croissance du PIB au Groenland était supérieure à celle de la France (2,3%) et de l'Allemagne (1,9%); mais inférieure à celle de l'URSS (4,3%), du Japon (4,3%) et des États-Unis (3,1%).

Les années 1990

Le PIB du Groenland était de 1,2 milliards de dollars par an dans les années 1990, se classant au 167ème rang mondial à égalité avec

Chapitre I. Produit intérieur brut

le Monténégro (1,2 milliards de dollars), la République centrafricaine (1,2 milliards de dollars), la Somalie (1,2 milliards de dollars). La part dans le monde était de 0,0041% et de 0,012% dans les Amériques.

Le PIB du Groenland était constitué des dépenses publiques (46,2%), des dépenses ménagères (45,6%) et de la formation de capital (19,7%).

Le PIB par habitant au Groenland était de 21067.8 dollars dans les années 1990, au 27ème rang mondial, à égalité avec Singapour (20 911,4 de dollars), l'Australie (20 876,6 de dollars), le Canada (21 280,1 de dollars). Le PIB par habitant au Groenland était 4,2 fois supérieur le PIB par habitant au Monde (5 020,1 US$), et 62,3% supérieur le produit intérieur brut par habitant dans les Amériques (12 984,7 US$).

La croissance du PIB au Groenland était de -0.2% dans les années 1990, se situant au 173ème rang mondial. La croissance du PIB au Groenland (-0,17%) a été inférieure à celle du monde (2,8%), et inférieure à celle des Amériques (3,1%).

Comparaison avec les voisins. Le produit intérieur brut du Groenland était inférieur à celui du Canada (616,6 milliards de dollars) et de l'Islande (7,3 milliards de dollars). Le PIB par habitant au Groenland était inférieur à celui de l'Islande (27 300,6 de dollars) et du Canada (21 280,1 de dollars). La croissance du PIB au Groenland était inférieure à celle de l'Islande (2,4%) et du Canada (2,4%).

Comparaison avec les leaders. Le produit intérieur brut du Groenland était inférieur à celui des États-Unis (7,6 billions de dollars), du Japon (4,3 billions de dollars), de l'Allemagne (2,2 billions de dollars), de la France (1,4 billions de dollars) et du Royaume-Uni (1,3 billions de dollars). Le PIB par habitant au Groenland était inférieur à celui du Japon (34 325,0 de dollars), des États-Unis (28 654,0 de dollars), de l'Allemagne (27 003,8 de dollars), de la France (24 100,9 de dollars) et du Royaume-Uni (22 920,4 de dollars). La croissance du PIB au Groenland était inférieure à celle des États-Unis (3,2%), du Royaume-Uni (2,3%), de l'Allemagne (2,2%), de la France (2,0%) et du Japon (1,5%).

Les années 2000

Le produit intérieur brut du Groenland était de 1,8 milliards de dollars par an dans les années 2000, au 171ème rang mondial. La part dans le monde était de 0,0039% et de 0,011% dans les Amériques.

Le produit intérieur brut du Groenland était constitué des dépenses publiques (46,7%), des dépenses ménagères (44,7%) et de la formation de capital (26,6%).

Le produit intérieur brut par habitant au Groenland était de 32018.6 dollars dans les années 2000, se situant au 29ème rang mondial. Le PIB par habitant au Groenland était 4,5 fois supérieur le PIB par habitant au Monde (7 176,3 US$), et 68,3% supérieur le PIB par habitant dans les Amériques (19 020,5 US$).

La croissance du produit intérieur brut au Groenland était de 3.3% dans les années 2000, se situant au 124ème rang mondial, à égalité avec l'Amérique du Sud (3,3%), la Tchéquie (3,3%). La croissance du PIB au Groenland (3,3%) a été supérieure à celle du monde (3,0%), et supérieure à celle des Amériques (2,1%).

Comparaison avec les voisins. Le PIB du Groenland était inférieur à celui du Canada (1,1 billions de dollars) et de l'Islande (13,8 milliards de dollars). Le produit intérieur brut par habitant au Groenland était inférieur à celui de l'Islande (46 832,1 de dollars) et du Canada (34 476,7 de dollars). La croissance du PIB au Groenland était supérieure à celle du Canada (2,1%); mais inférieure à celle de l'Islande (3,5%).

Comparaison avec les leaders. Le produit intérieur brut du Groenland était inférieur à celui des États-Unis (12,6 billions de dollars), du Japon (4,7 billions de dollars), de l'Allemagne (2,8 billions de dollars), de la Chine (2,6 billions de dollars) et du Royaume-Uni (2,3 billions de dollars). Le produit intérieur brut par habitant au Groenland était supérieur à celui de la Chine (1 954,1 de dollars); mais inférieur à celui des États-Unis (42 841,2 de dollars), du Royaume-Uni (38 399,3 de dollars), du Japon (36 386,2 de dollars) et de l'Allemagne (33 966,8 de dollars). La croissance du produit intérieur brut au Groenland était supérieure à celle des États-Unis (1,9%), du Royaume-Uni (1,7%), de l'Allemagne (0,73%) et du Japon (0,50%); mais inférieure à celle de la Chine (10,3%).

Les années 2010

Le PIB du Groenland était de 2,7 milliards de dollars par an dans les années 2010, se situant au 172ème rang mondial à égalité avec le Burundi (2,7 milliards de dollars). La part dans le monde était de 0,0035% et de 0,011% dans les Amériques.

Le PIB du Groenland était constitué des dépenses publiques (44,9%), des dépenses ménagères (39,8%) et de la formation de capital

(32,2%).

Le PIB par habitant au Groenland était de 48556.4 dollars dans les années 2010, se classant au 19ème rang mondial, à égalité avec l'Autriche (48 474,4 de dollars), le Canada (47 702,4 de dollars), la Finlande (47 679,2 de dollars). Le PIB par habitant au Groenland était 4,6 fois supérieur le PIB par habitant au Monde (10 603,1 US$), et 85,8% supérieur le PIB par habitant dans les Amériques (26 129,9 US$).

La croissance du produit intérieur brut au Groenland était de 1.4% dans les années 2010, au 165ème rang mondial, à égalité avec les Samoa (1,4%). La croissance du PIB au Groenland (1,4%) a été inférieure à celle du monde (3,1%), et inférieure à celle des Amériques (2,2%).

Comparaison avec les voisins. Le produit intérieur brut du Groenland était 622,9 fois inférieur à celui du Canada (1,7 billions de dollars) et 6,9 fois inférieur à celui de l'Islande (19,0 milliards de dollars). Le produit intérieur brut par habitant au Groenland était 1,8% supérieur à celui du Canada (47 702,4 de dollars); mais 15,6% inférieur à celui de l'Islande (57 546,9 de dollars). La croissance du produit intérieur brut au Groenland était inférieure à celle de l'Islande (2,7%) et du Canada (2,2%).

Comparaison avec les leaders. Le produit intérieur brut du Groenland était 6 547,5 fois inférieur à celui des États-Unis (18,0 billions de dollars), 3 829,8 fois inférieur à celui de la Chine (10,5 billions de dollars), 1 905,9 fois inférieur à celui du Japon (5,2 billions de dollars), 1 334,8 fois inférieur à celui de l'Allemagne (3,7 billions de dollars) et 1 008,5 fois inférieur à celui du Royaume-Uni (2,8 billions de dollars). Le produit intérieur brut par habitant au Groenland était 8,5% supérieur à celui de l'Allemagne (44 732,1 de dollars), 15,1% supérieur à celui du Royaume-Uni (42 176,3 de dollars), 18,8% supérieur à celui du Japon (40 869,8 de dollars) et 6,5 fois supérieur à celui de la Chine (7 491,3 de dollars); mais 13,6% inférieur à celui des États-Unis (56 220,1 de dollars). La croissance du produit intérieur brut au Groenland était supérieure à celle du Japon (1,3%); mais inférieure à celle de la Chine (7,7%), des États-Unis (2,3%), de l'Allemagne (1,9%) et du Royaume-Uni (1,8%).

Chapitre II. Valeur ajoutée

La valeur ajoutée du Groenland est passé de 224,9 millions de dollars par an dans les années 1970 à 2,7 milliards de dollars par an dans les années 2010, c'est-à-dire 2,4 milliards de dollars ou de 11,8 fois. La variation a été de 2,1 milliards de dollars en raison de l'augmentation de 5,1 fois des prix, et de 259,4 millions de dollars en raison de la croissance de productivité de 2,0 fois, et de 35,3 millions de dollars en raison de la croissance démographique. La croissance annuelle moyenne de la valeur ajoutée était de 2,6%. La valeur minimale était de 75,0 millions de dollars en 1970. La valeur maximale était de 2,9 milliards de dollars en 2018.

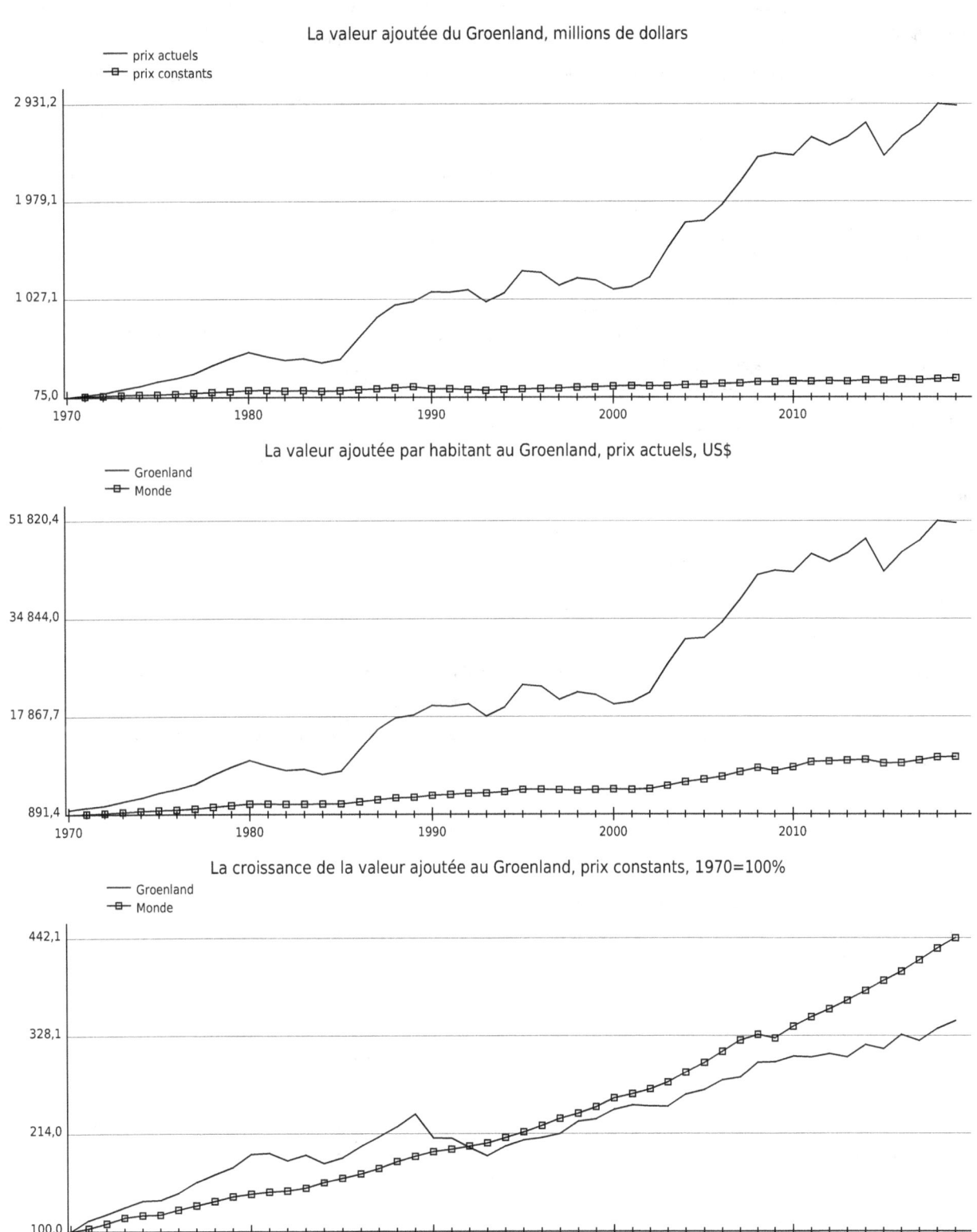

Les années 1970

La valeur ajoutée du Groenland était de 224,9 millions de dollars par an dans les années 1970, au 150ème rang mondial. La part dans le monde était de 0,0036% et de 0,010% dans les Amériques.

La valeur ajoutée totale du Groenland était constituée de: services (43,0%), agriculture (17,5%), transport (12,6%), commerce (11,5%), industrie (10,4%), construction (5,0%).

La valeur ajoutée par habitant au Groenland était de 4606,4 dollars dans les années 1970, au 32ème rang mondial, à égalité avec l'Autriche (4 583,6 de dollars). La valeur ajoutée par habitant au Groenland était 2,9 fois supérieure la valeur ajoutée par habitant au Monde (1 564,4 US$), et 15,6% supérieure la valeur ajoutée par habitant dans les Amériques (3 985,3 US$).

La croissance de la valeur ajoutée au Groenland était de 6.4% dans les années 1970, au 50ème rang mondial, à égalité avec le Honduras (6,4%), le Yémen (6,4%), la Grenade (6,5%). La croissance de la valeur ajoutée au Groenland (6,4%) a été supérieure à celle du monde (3,9%), et supérieure à celle des Amériques (3,5%).

Comparaison avec les voisins. La valeur ajoutée du Groenland était inférieure à celle du Canada (155,4 milliards de dollars) et de l'Islande (1,3 milliards de dollars). La valeur ajoutée par habitant au Groenland était inférieure à celle du Canada (6 800,6 de dollars) et de l'Islande (6 194,1 de dollars). La croissance de la valeur ajoutée au Groenland était supérieure à celle de l'Islande (5,4%) et du Canada (3,8%).

Comparaison avec les leaders. La valeur ajoutée du Groenland était inférieure à celle des États-Unis (1,7 billions de dollars), de l'URSS (649,4 milliards de dollars), du Japon (545,3 milliards de dollars), de l'Allemagne (444,9 milliards de dollars) et de la France (297,3 milliards de dollars). La valeur ajoutée par habitant au Groenland était supérieure à celle de l'URSS (2 574,9 de dollars); mais inférieure à celle des États-Unis (7 767,9 de dollars), de l'Allemagne (5 650,3 de dollars), de la France (5 544,4 de dollars) et du Japon (4 897,5 de dollars). La croissance de la valeur ajoutée au Groenland était supérieure à celle du Japon (4,9%), de l'URSS (4,8%), de la France (3,7%), de l'Allemagne (3,1%) et des États-Unis (2,9%).

Les années 1980

La valeur ajoutée du Groenland était de 619,4 millions de dollars par an dans les années 1980, au 148ème rang mondial. La part dans le monde était de 0,0042% et de 0,011% dans les Amériques.

La valeur ajoutée totale du Groenland était constituée de: services (43,0%), agriculture (17,5%), transport (12,6%), commerce (11,5%), industrie (10,4%), construction (5,0%).

La valeur ajoutée par habitant au Groenland était de 11734.9 dollars dans les années 1980, se classant au 23ème rang mondial, à égalité avec l'Europe du Nord (11 845,1 de dollars), l'Allemagne (11 624,4 de dollars), l'Andorre (11 611,9 de dollars). La valeur ajoutée par habitant au Groenland était 3,9 fois supérieure la valeur ajoutée par habitant au Monde (3 029,9 US$), et 43,8% supérieure la valeur ajoutée par habitant dans les Amériques (8 159,2 US$).

La croissance de la valeur ajoutée au Groenland était de 3.1% dans les années 1980, se classant au 83ème rang mondial, à égalité avec le Tchad (3,1%). La croissance de la valeur ajoutée au Groenland (3,1%) a été supérieure à celle du monde (2,9%), et supérieure à celle des Amériques (2,7%).

Comparaison avec les voisins. La valeur ajoutée du Groenland était inférieure à celle du Canada (360,8 milliards de dollars) et de l'Islande (3,5 milliards de dollars). La valeur ajoutée par habitant au Groenland était inférieure à celle de l'Islande (14 698,7 de dollars) et du Canada (14 045,5 de dollars). La croissance de la valeur ajoutée au Groenland était supérieure à celle du Canada (2,7%); mais inférieure à celle de l'Islande (3,5%).

Comparaison avec les leaders. La valeur ajoutée du Groenland était inférieure à celle des États-Unis (4,2 billions de dollars), du Japon (1,8 billions de dollars), de l'Allemagne (907,0 milliards de dollars), de l'URSS (887,0 milliards de dollars) et de la France (650,9 milliards de dollars). La valeur ajoutée par habitant au Groenland était supérieure à celle de l'Allemagne (11 624,4 de dollars), de la France (11 516,2 de dollars) et de l'URSS (3 222,9 de dollars); mais inférieure à celle des États-Unis (17 439,9 de dollars) et du Japon (14 839,7 de dollars). La croissance de la valeur ajoutée au Groenland était supérieure à celle des États-Unis (2,8%), de la France (2,2%) et de l'Allemagne (2,0%); mais inférieure à celle de l'URSS (4,3%) et du Japon (4,2%).

Les années 1990

Chapitre II. Valeur ajoutée

La valeur ajoutée du Groenland était de 1,2 milliards de dollars par an dans les années 1990, se situant au 167ème rang mondial. La part dans le monde était de 0,0042% et de 0,012% dans les Amériques.

La valeur ajoutée totale du Groenland était constituée de: services (42,9%), agriculture (17,5%), transport (12,6%), commerce (11,5%), industrie (10,4%), construction (5,0%).

La valeur ajoutée par habitant au Groenland était de 20780.8 dollars dans les années 1990, se situant au 24ème rang mondial, à égalité avec l'Europe du Nord (20 770,7 de dollars), la Finlande (21 144,8 de dollars), Hong Kong (21 300,5 de dollars). La valeur ajoutée par habitant au Groenland était 4,3 fois supérieure la valeur ajoutée par habitant au Monde (4 799,9 US$), et 62,6% supérieure la valeur ajoutée par habitant dans les Amériques (12 777,9 US$).

La croissance de la valeur ajoutée au Groenland était de -0.2% dans les années 1990, se classant au 172ème rang mondial. La croissance de la valeur ajoutée au Groenland (-0,24%) a été inférieure à celle du monde (2,7%), et inférieure à celle des Amériques (2,8%).

Comparaison avec les voisins. La valeur ajoutée du Groenland était inférieure à celle du Canada (571,5 milliards de dollars) et de l'Islande (6,4 milliards de dollars). La valeur ajoutée par habitant au Groenland était supérieure à celle du Canada (19 725,0 de dollars); mais inférieure à celle de l'Islande (23 968,8 de dollars). La croissance de la valeur ajoutée au Groenland était inférieure à celle de l'Islande (2,8%) et du Canada (2,3%).

Comparaison avec les leaders. La valeur ajoutée du Groenland était inférieure à celle des États-Unis (7,6 billions de dollars), du Japon (4,3 billions de dollars), de l'Allemagne (2,0 billions de dollars), de la France (1,3 billions de dollars) et du Royaume-Uni (1,2 billions de dollars). La valeur ajoutée par habitant au Groenland était inférieure à celle du Japon (34 190,7 de dollars), des États-Unis (28 605,8 de dollars), de l'Allemagne (24 519,7 de dollars), de la France (21 588,1 de dollars) et du Royaume-Uni (21 414,8 de dollars). La croissance de la valeur ajoutée au Groenland était inférieure à celle des États-Unis (2,8%), du Royaume-Uni (2,4%), de l'Allemagne (2,1%), de la France (1,8%) et du Japon (1,8%).

Les années 2000

La valeur ajoutée du Groenland était de 1,8 milliards de dollars par an dans les années 2000, se classant au 170ème rang mondial à égalité avec Saint-Marin (1,8 milliards de dollars). La part dans le monde était de 0,0040% et de 0,011% dans les Amériques.

La valeur ajoutée totale du Groenland était constituée de: services (43,2%), agriculture (16,1%), transport (13,1%), commerce (10,6%), industrie (10,3%), construction (6,7%).

La valeur ajoutée par habitant au Groenland était de 31026.6 dollars dans les années 2000, se situant au 27ème rang mondial, à égalité avec la Belgique (31 161,6 de dollars), l'Australasie (30 738,7 de dollars), l'Allemagne (30 717,6 de dollars). La valeur ajoutée par habitant au Groenland était 4,6 fois supérieure la valeur ajoutée par habitant au Monde (6 818,0 US$), et 66,6% supérieure la valeur ajoutée par habitant dans les Amériques (18 623,4 US$).

La croissance de la valeur ajoutée au Groenland était de 2.6% dans les années 2000, se situant au 143ème rang mondial, à égalité avec la Macédoine du Nord (2,5%), la Nouvelle-Zélande (2,5%). La croissance de la valeur ajoutée au Groenland (2,6%) a été inférieure à celle du monde (2,9%), et supérieure à celle des Amériques (1,9%).

Comparaison avec les voisins. La valeur ajoutée du Groenland était inférieure à celle du Canada (1,0 billions de dollars) et de l'Islande (12,1 milliards de dollars). La valeur ajoutée par habitant au Groenland était inférieure à celle de l'Islande (40 814,8 de dollars) et du Canada (32 143,6 de dollars). La croissance de la valeur ajoutée au Groenland était supérieure à celle du Canada (2,1%); mais inférieure à celle de l'Islande (2,8%).

Comparaison avec les leaders. La valeur ajoutée du Groenland était inférieure à celle des États-Unis (12,6 billions de dollars), du Japon (4,7 billions de dollars), de la Chine (2,6 billions de dollars), de l'Allemagne (2,5 billions de dollars) et du Royaume-Uni (2,1 billions de dollars). La valeur ajoutée par habitant au Groenland était supérieure à celle de l'Allemagne (30 717,6 de dollars) et de la Chine (1 954,1 de dollars); mais inférieure à celle des États-Unis (42 840,8 de dollars), du Japon (36 383,0 de dollars) et du Royaume-Uni (34 611,1 de dollars). La croissance de la valeur ajoutée au Groenland était supérieure à celle des États-Unis (1,7%), du Royaume-Uni (1,7%), de l'Allemagne (0,65%) et du Japon (0,27%); mais inférieure à celle de la Chine (10,2%).

Les années 2010

La valeur ajoutée du Groenland était de 2,7 milliards de dollars par an dans les années 2010, se classant au 172ème rang mondial. La part dans le monde était de 0,0036% et de 0,011% dans les Amériques.

La valeur ajoutée totale du Groenland était constituée de: services (41,7%), agriculture (17,4%), transport (12,3%), commerce (10,4%), construction (9,8%), industrie (8,4%).

La valeur ajoutée par habitant au Groenland était de 46957.8 dollars dans les années 2010, se situant au 18ème rang mondial. La valeur ajoutée par habitant au Groenland était 4,7 fois supérieure la valeur ajoutée par habitant au Monde (10 094,6 US$), et 84,8% supérieure la valeur ajoutée par habitant dans les Amériques (25 411,8 US$).

La croissance de la valeur ajoutée au Groenland était de 1.5% dans les années 2010, se situant au 164ème rang mondial. La croissance de la valeur ajoutée au Groenland (1,5%) a été inférieure à celle du monde (3,1%), et inférieure à celle des Amériques (2,1%).

Comparaison avec les voisins. La valeur ajoutée du Groenland était 601,9 fois inférieure à celle du Canada (1,6 billions de dollars) et 6,4 fois inférieure à celle de l'Islande (16,9 milliards de dollars). La valeur ajoutée par habitant au Groenland était 5,3% supérieure à celle du Canada (44 578,7 de dollars); mais 8,6% inférieure à celle de l'Islande (51 384,1 de dollars). La croissance de la valeur ajoutée au Groenland était inférieure à celle de l'Islande (3,0%) et du Canada (2,4%).

Comparaison avec les leaders. La valeur ajoutée du Groenland était 6 770,5 fois inférieure à celle des États-Unis (18,0 billions de dollars), 3 960,2 fois inférieure à celle de la Chine (10,5 billions de dollars), 1 960,7 fois inférieure à celle du Japon (5,2 billions de dollars), 1 244,9 fois inférieure à celle de l'Allemagne (3,3 billions de dollars) et 931,2 fois inférieure à celle du Royaume-Uni (2,5 billions de dollars). La valeur ajoutée par habitant au Groenland était 15,5% supérieure à celle du Japon (40 660,3 de dollars), 16,4% supérieure à celle de l'Allemagne (40 346,4 de dollars), 24,7% supérieure à celle du Royaume-Uni (37 659,6 de dollars) et 6,3 fois supérieure à celle de la Chine (7 491,3 de dollars); mais 16,5% inférieure à celle des États-Unis (56 220,3 de dollars). La croissance de la valeur ajoutée au Groenland était supérieure à celle du Japon (1,3%); mais inférieure à celle de la Chine (7,7%), des États-Unis (2,2%), de l'Allemagne (1,9%) et du Royaume-Uni (1,8%).

Chapitre III. Revenu national brut

Le revenu national brut du Groenland est passé de 205,4 millions de dollars par an dans les années 1970 à 2,7 milliards de dollars par an dans les années 2010, c'est-à-dire 2,5 milliards de dollars ou de 13,0 fois. La variation a été de 2,1 milliards de dollars en raison de l'augmentation de 4,8 fois des prix, et de 314,5 millions de dollars en raison de la croissance de productivité de 2,3 fois, et de 32,2 millions de dollars en raison de la croissance démographique. La croissance annuelle moyenne du RNB était de 2,9%. La valeur minimale était de 68,5 millions de dollars en 1970. La valeur maximale était de 3,0 milliards de dollars en 2018.

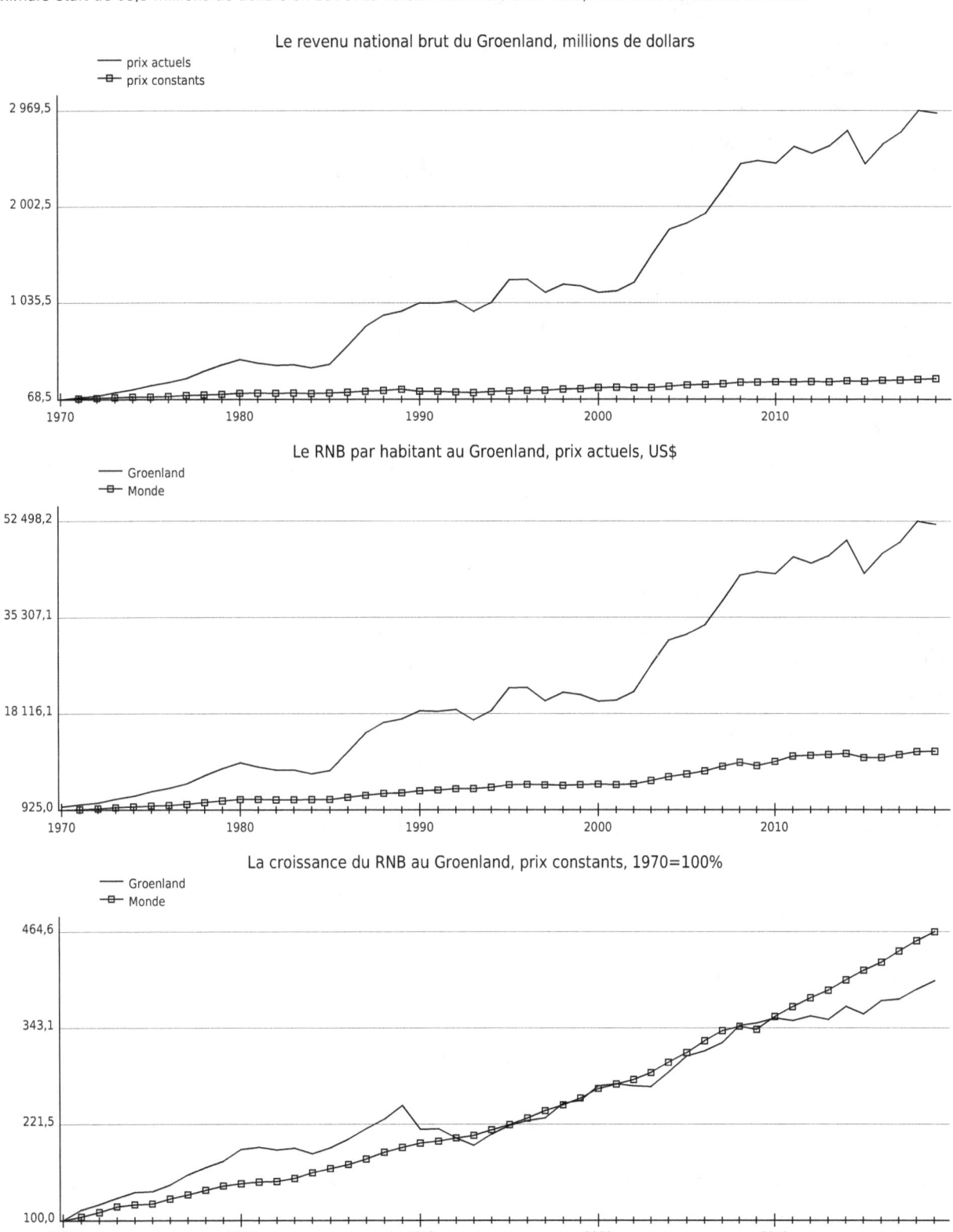

Les années 1970

Le RNB du Groenland était de 205,4 millions de dollars par an dans les années 1970, au 152ème rang mondial. La part dans le monde était de 0,0031% et de 0,0091% dans les Amériques.

Le revenu national brut par habitant au Groenland était de 4206.4 dollars dans les années 1970, se classant au 36ème rang mondial, à égalité avec Nauru (4 252,4 de dollars), la Nouvelle-Zélande (4 285,5 de dollars), d'Aruba (4 125,9 de dollars). Le RNB par habitant au Groenland était 2,6 fois supérieur le revenu national brut par habitant au Monde (1 624,3 US$), et 4,6% supérieur le revenu national brut par habitant dans les Amériques (4 019,9 US$).

La croissance du RNB au Groenland était de 6.4% dans les années 1970, se situant au 48ème rang mondial, à égalité avec l'Algérie (6,4%), la Birmanie (6,4%), Sainte-Lucie (6,4%). La croissance du RNB au Groenland (6,4%) a été supérieure à celle du monde (4,1%), et supérieure à celle des Amériques (4,0%).

Comparaison avec les voisins. Le RNB du Groenland était inférieur à celui du Canada (162,0 milliards de dollars) et de l'Islande (1,5 milliards de dollars). Le RNB par habitant au Groenland était inférieur à celui du Canada (7 092,1 de dollars) et de l'Islande (7 022,8 de dollars). La croissance du RNB au Groenland était supérieure à celle de l'Islande (6,2%) et du Canada (4,1%).

Comparaison avec les leaders. Le RNB du Groenland était inférieur à celui des États-Unis (1,7 billions de dollars), de l'URSS (649,4 milliards de dollars), du Japon (558,5 milliards de dollars), de l'Allemagne (486,2 milliards de dollars) et de la France (334,3 milliards de dollars). Le RNB par habitant au Groenland était supérieur à celui de l'URSS (2 574,9 de dollars); mais inférieur à celui des États-Unis (7 837,2 de dollars), de la France (6 235,1 de dollars), de l'Allemagne (6 174,4 de dollars) et du Japon (5 015,3 de dollars). La croissance du revenu national brut au Groenland était supérieure à celle de l'URSS (4,8%), du Japon (4,7%), de la France (3,9%), des États-Unis (3,5%) et de l'Allemagne (3,0%).

Les années 1980

Le revenu national brut du Groenland était de 578,9 millions de dollars par an dans les années 1980, se situant au 151ème rang mondial à égalité avec le Laos (580,4 millions de dollars). La part dans le monde était de 0,0038% et de 0,011% dans les Amériques.

Le revenu national brut par habitant au Groenland était de 10967.2 dollars dans les années 1980, au 31ème rang mondial, à égalité avec Bahreïn (11 195,2 de dollars). Le RNB par habitant au Groenland était 3,5 fois supérieur le revenu national brut par habitant au Monde (3 117,1 US$), et 36,0% supérieur le revenu national brut par habitant dans les Amériques (8 063,2 US$).

La croissance du RNB au Groenland était de 3.4% dans les années 1980, au 68ème rang mondial, à égalité avec les Bahamas (3,4%), le Portugal (3,4%). La croissance du RNB au Groenland (3,4%) a été supérieure à celle du monde (3,0%), et supérieure à celle des Amériques (2,8%).

Comparaison avec les voisins. Le RNB du Groenland était inférieur à celui du Canada (372,7 milliards de dollars) et de l'Islande (3,9 milliards de dollars). Le RNB par habitant au Groenland était inférieur à celui de l'Islande (16 161,9 de dollars) et du Canada (14 511,3 de dollars). La croissance du RNB au Groenland était supérieure à celle de l'Islande (3,0%) et du Canada (2,8%).

Comparaison avec les leaders. Le revenu national brut du Groenland était inférieur à celui des États-Unis (4,2 billions de dollars), du Japon (1,8 billions de dollars), de l'Allemagne (996,5 milliards de dollars), de l'URSS (887,0 milliards de dollars) et de la France (732,1 milliards de dollars). Le RNB par habitant au Groenland était supérieur à celui de l'URSS (3 222,9 de dollars); mais inférieur à celui des États-Unis (17 362,5 de dollars), du Japon (15 042,8 de dollars), de la France (12 952,6 de dollars) et de l'Allemagne (12 771,0 de dollars). La croissance du RNB au Groenland était supérieure à celle des États-Unis (3,1%), de la France (2,3%) et de l'Allemagne (2,0%); mais inférieure à celle du Japon (4,4%) et de l'URSS (4,3%).

Les années 1990

Le RNB du Groenland était de 1,1 milliards de dollars par an dans les années 1990, se situant au 169ème rang mondial. La part dans le monde était de 0,0039% et de 0,011% dans les Amériques.

Le RNB par habitant au Groenland était de 20076.3 dollars dans les années 1990, au 28ème rang mondial, à égalité avec l'Australie (20 198,3 de dollars), les Bahamas (19 942,4 de dollars), les Îles Vierges britanniques (19 661,4 de dollars). Le RNB par habitant au Groenland était 4,0 fois supérieur le RNB par habitant au Monde (4 991,4 US$), et 56,9% supérieur le revenu national brut par habitant dans les Amériques (12 792,4 US$).

Chapitre III. Revenu national brut

La croissance du RNB au Groenland était de 0.3% dans les années 1990, se classant au 167ème rang mondial. La croissance du RNB au Groenland (0,25%) a été inférieure à celle du monde (2,8%), et inférieure à celle des Amériques (3,2%).

Comparaison avec les voisins. Le RNB du Groenland était inférieur à celui du Canada (595,6 milliards de dollars) et de l'Islande (7,1 milliards de dollars). Le RNB par habitant au Groenland était inférieur à celui de l'Islande (26 555,1 de dollars) et du Canada (20 556,0 de dollars). La croissance du RNB au Groenland était inférieure à celle de l'Islande (2,5%) et du Canada (2,4%).

Comparaison avec les leaders. Le RNB du Groenland était inférieur à celui des États-Unis (7,5 billions de dollars), du Japon (4,4 billions de dollars), de l'Allemagne (2,2 billions de dollars), de la France (1,4 billions de dollars) et du Royaume-Uni (1,3 billions de dollars). Le revenu national brut par habitant au Groenland était inférieur à celui du Japon (34 665,3 de dollars), des États-Unis (28 503,5 de dollars), de l'Allemagne (27 004,0 de dollars), de la France (24 286,5 de dollars) et du Royaume-Uni (23 037,3 de dollars). La croissance du RNB au Groenland était inférieure à celle des États-Unis (3,4%), de la France (2,2%), du Royaume-Uni (2,0%), de l'Allemagne (2,0%) et du Japon (1,5%).

Les années 2000

Le RNB du Groenland était de 1,8 milliards de dollars par an dans les années 2000, se classant au 171ème rang mondial. La part dans le monde était de 0,0038% et de 0,011% dans les Amériques.

Le RNB par habitant au Groenland était de 31191.8 dollars dans les années 2000, au 29ème rang mondial, à égalité avec l'Australasie (31 988,2 de dollars). Le RNB par habitant au Groenland était 4,4 fois supérieur le RNB par habitant au Monde (7 165,2 US$), et 64,4% supérieur le RNB par habitant dans les Amériques (18 970,5 US$).

La croissance du revenu national brut au Groenland était de 3.3% dans les années 2000, se classant au 118ème rang mondial, à égalité avec l'Amérique du Sud (3,3%), Saint-Christophe-et-Niévès (3,4%). La croissance du RNB au Groenland (3,3%) a été supérieure à celle du monde (3,0%), et supérieure à celle des Amériques (2,1%).

Comparaison avec les voisins. Le RNB du Groenland était inférieur à celui du Canada (1,1 billions de dollars) et de l'Islande (12,8 milliards de dollars). Le RNB par habitant au Groenland était inférieur à celui de l'Islande (43 447,3 de dollars) et du Canada (33 800,5 de dollars). La croissance du RNB au Groenland était supérieure à celle du Canada (2,2%) et de l'Islande (1,7%).

Comparaison avec les leaders. Le revenu national brut du Groenland était inférieur à celui des États-Unis (12,7 billions de dollars), du Japon (4,8 billions de dollars), de l'Allemagne (2,8 billions de dollars), de la Chine (2,6 billions de dollars) et du Royaume-Uni (2,3 billions de dollars). Le RNB par habitant au Groenland était supérieur à celui de la Chine (1 950,5 de dollars); mais inférieur à celui des États-Unis (43 177,4 de dollars), du Royaume-Uni (38 514,5 de dollars), du Japon (37 144,2 de dollars) et de l'Allemagne (34 189,0 de dollars). La croissance du RNB au Groenland était supérieure à celle des États-Unis (1,8%), du Royaume-Uni (1,7%), de l'Allemagne (1,0%) et du Japon (0,62%); mais inférieure à celle de la Chine (10,4%).

Les années 2010

Le revenu national brut du Groenland était de 2,7 milliards de dollars par an dans les années 2010, se situant au 175ème rang mondial à égalité avec d'Aruba (2,7 milliards de dollars). La part dans le monde était de 0,0034% et de 0,010% dans les Amériques.

Le RNB par habitant au Groenland était de 47245.2 dollars dans les années 2010, au 20ème rang mondial, à égalité avec le Canada (46 955,1 de dollars), l'Europe de l'Ouest (46 699,6 de dollars), la Finlande (47 955,1 de dollars). Le revenu national brut par habitant au Groenland était 4,5 fois supérieur le revenu national brut par habitant au Monde (10 611,7 US$), et 79,9% supérieur le revenu national brut par habitant dans les Amériques (26 262,7 US$).

La croissance du revenu national brut au Groenland était de 1.4% dans les années 2010, se classant au 166ème rang mondial, à égalité avec la Belgique (1,4%). La croissance du RNB au Groenland (1,4%) a été inférieure à celle du monde (3,1%), et inférieure à celle des Amériques (2,3%).

Comparaison avec les voisins. Le RNB du Groenland était 630,1 fois inférieur à celui du Canada (1,7 billions de dollars) et 6,9 fois inférieur à celui de l'Islande (18,5 milliards de dollars). Le revenu national brut par habitant au Groenland était 0,62% supérieur à celui du Canada (46 955,1 de dollars); mais 15,9% inférieur à celui de l'Islande (56 150,4 de dollars). La croissance du RNB au Groenland était inférieure à celle de l'Islande (5,0%) et du Canada (2,3%).

Comparaison avec les leaders. Le RNB du Groenland était 6 858,5 fois inférieur à celui des États-Unis (18,3 billions de dollars), 3 921,6 fois inférieur à celui de la Chine (10,5 billions de dollars), 2 022,8 fois inférieur à celui du Japon (5,4 billions de dollars), 1 404,6 fois inférieur à celui de l'Allemagne (3,7 billions de dollars) et 1 028,8 fois inférieur à celui de la France (2,7 billions de dollars). Le RNB par habitant au Groenland était 3,2% supérieur à celui de l'Allemagne (45 801,3 de dollars), 11,9% supérieur à celui du Japon (42 204,7 de dollars), 14,1% supérieur à celui de la France (41 404,4 de dollars) et 6,3 fois supérieur à celui de la Chine (7 463,8 de dollars); mais 17,5% inférieur à celui des États-Unis (57 299,9 de dollars). La croissance du revenu national brut au Groenland était supérieure à celle du Japon (1,4%) et de la France (1,4%); mais inférieure à celle de la Chine (7,7%), des États-Unis (2,5%) et de l'Allemagne (2,0%).

Partie II. Structure

	Les années 2010
agriculture	17,4%
industrie	8,4%
construction	9,8%
commerce	10,4%
transport	12,3%
services	41,7%

Chapitre IV. Agriculture

Agriculture, chasse, sylviculture et pêche (ISIC A-B)

La valeur de l'agriculture au Groenland est passé de 39,3 millions de dollars par an dans les années 1970 à 461,9 millions de dollars par an dans les années 2010, c'est-à-dire 422,6 millions de dollars ou de 11,8 fois. La variation a été de 376,4 millions de dollars en raison de l'augmentation de 5,4 fois des prix, et de 40,1 millions de dollars en raison de la croissance de productivité de 1,9 fois, et de 6,2 millions de dollars en raison de la croissance démographique. La croissance annuelle moyenne de l'agriculture était de 2,4%. La valeur minimale était de 13,1 millions de dollars en 1970. La valeur maximale était de 559,7 millions de dollars en 2019.

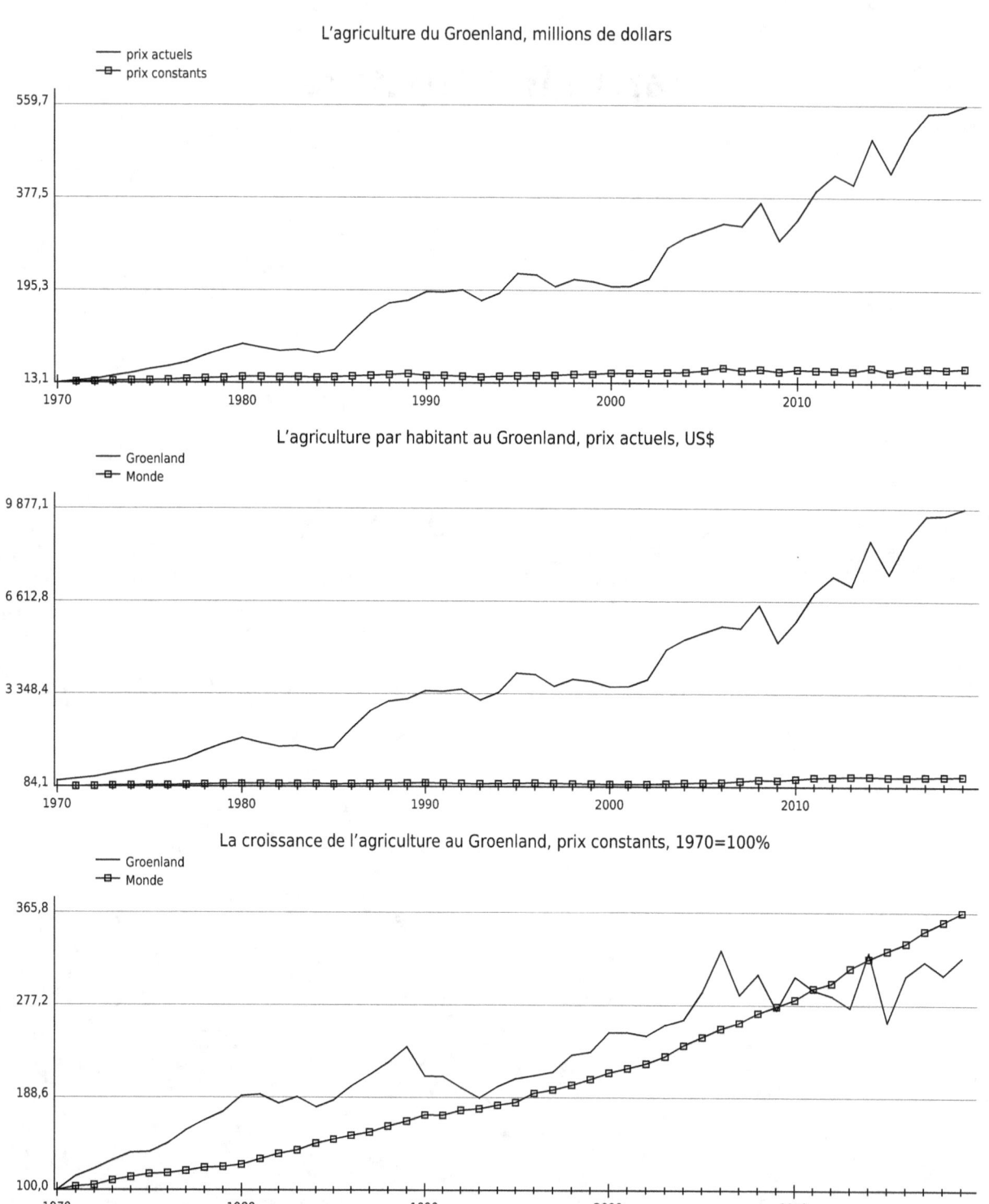

Chapitre IV. Agriculture

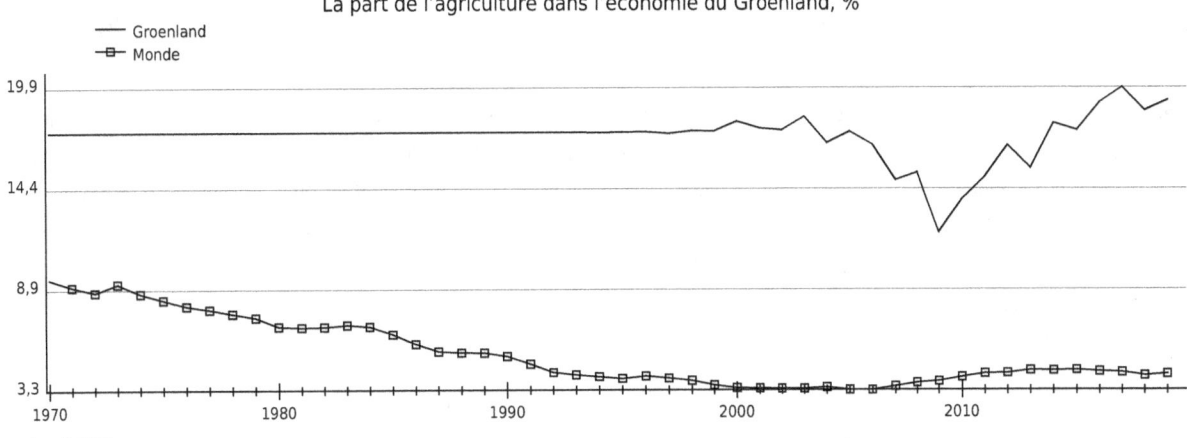

Les années 1970

La valeur de l'agriculture au Groenland était de 39,3 millions de dollars par an dans les années 1970, se classant au 136ème rang mondial à égalité avec la Polynésie française (39,1 millions de dollars). La part dans le monde était de 0,0076% et de 0,044% dans les Amériques.

La part de l'agriculture dans l'économie du Groenland était de 17,5% dans les années 1970, se classant au 80ème rang mondial.

L'agriculture par habitant au Groenland était de 804.8 dollars dans les années 1970, se situant au 1er rang mondial. L'agriculture par habitant au Groenland était 6,3 fois supérieure l'agriculture par habitant au Monde (127,6 US$), et 5,1 fois supérieure l'agriculture par habitant dans les Amériques (158,1 US$).

La croissance de l'agriculture au Groenland était de 6.4% dans les années 1970, se classant au 28ème rang mondial, à égalité avec l'Est (6,4%). La croissance de l'agriculture au Groenland (6,4%) a été supérieure à celle du monde (2,2%), et supérieure à celle des Amériques (1,9%).

Comparaison avec les voisins. Le secteur de l'agriculture au Groenland était inférieur à celui du Canada (6,9 milliards de dollars) et de l'Islande (154,0 millions de dollars). L'agriculture par habitant au Groenland était supérieure à celle de l'Islande (712,7 de dollars) et du Canada (303,2 de dollars). La croissance de l'agriculture au Groenland était supérieure à celle de l'Islande (5,3%) et du Canada (0,17%).

Comparaison avec les leaders. Le secteur de l'agriculture au Groenland était inférieur à celui de l'URSS (88,7 milliards de dollars), de la Chine (49,5 milliards de dollars), des États-Unis (42,6 milliards de dollars), de l'Inde (36,0 milliards de dollars) et du Japon (25,8 milliards de dollars). L'agriculture par habitant au Groenland était supérieure à celle de l'URSS (351,8 de dollars), du Japon (231,3 de dollars), des États-Unis (195,0 de dollars), de l'Inde (58,3 de dollars) et de la Chine (54,2 de dollars). La croissance de l'agriculture au Groenland était supérieure à celle de la Chine (2,4%), du Japon (0,52%), des États-Unis (0,34%) et de l'Inde (0,30%); mais inférieure à celle de l'URSS (7,0%).

Les années 1980

Le secteur de l'agriculture au Groenland était de 108,2 millions de dollars par an dans les années 1980, se classant au 134ème rang mondial. La part dans le monde était de 0,012% et de 0,069% dans les Amériques.

La part de l'agriculture dans l'économie du Groenland était de 17,5% dans les années 1980, au 73ème rang mondial, à égalité avec le Maroc (17,5%), les Tuvalu (17,6%).

L'agriculture par habitant au Groenland était de 2050.2 dollars dans les années 1980, au 1er rang mondial. L'agriculture par habitant au Groenland était 11,0 fois supérieure l'agriculture par habitant au Monde (186,6 US$), et 8,6 fois supérieure l'agriculture par habitant dans les Amériques (237,6 US$).

La croissance de l'agriculture au Groenland était de 3.1% dans les années 1980, se classant au 66ème rang mondial, à égalité avec l'Afrique du Nord (3,1%), l'Irlande (3,1%), le Cameroun (3,1%). La croissance de l'agriculture au Groenland (3,1%) a été inférieure à celle du monde (3,1%), et supérieure à celle des Amériques (2,6%).

Comparaison avec les voisins. Le secteur de l'agriculture au Groenland était inférieur à celui du Canada (12,4 milliards de dollars) et de l'Islande (374,6 millions de dollars). L'agriculture par habitant au Groenland était supérieure à celle de l'Islande (1 559,3 de dollars) et du Canada (482,3 de dollars). La croissance de l'agriculture au Groenland était supérieure à celle de l'Islande (2,6%) et du Canada (2,5%).

Comparaison avec les leaders. La valeur de l'agriculture au Groenland était inférieure à celle de l'URSS (125,8 milliards de dollars), de la Chine (94,9 milliards de dollars), de l'Inde (70,4 milliards de dollars), des États-Unis (68,7 milliards de dollars) et du Japon (49,7 milliards de dollars). L'agriculture par habitant au Groenland était supérieure à celle de l'URSS (457,2 de dollars), du Japon (410,0 de dollars), des États-Unis (286,8 de dollars), de l'Inde (90,7 de dollars) et de la Chine (88,5 de dollars). La croissance de l'agriculture au Groenland était supérieure à celle de l'URSS (2,8%) et du Japon (0,41%); mais inférieure à celle de la Chine (5,3%), de l'Inde (4,4%) et des États-Unis (3,7%).

Les années 1990

Le secteur de l'agriculture au Groenland était de 202,9 millions de dollars par an dans les années 1990, se situant au 152ème rang mondial. La part dans le monde était de 0,018% et de 0,091% dans les Amériques.

La part de l'agriculture dans l'économie du Groenland était de 17,5% dans les années 1990, au 80ème rang mondial, à égalité avec le Maroc (17,6%), les Philippines (17,6%), la Micronésie (17,3%).

L'agriculture par habitant au Groenland était de 3632.6 dollars dans les années 1990, se situant au 1er rang mondial. L'agriculture par habitant au Groenland était 18,2 fois supérieure l'agriculture par habitant au Monde (199,8 US$), et 12,6 fois supérieure l'agriculture par habitant dans les Amériques (288,9 US$).

La croissance de l'agriculture au Groenland était de -0.2% dans les années 1990, se situant au 148ème rang mondial. La croissance de l'agriculture au Groenland (-0,20%) a été inférieure à celle du monde (2,2%), et inférieure à celle des Amériques (2,4%).

Comparaison avec les voisins. L'agriculture du Groenland était inférieure à celle du Canada (15,3 milliards de dollars) et de l'Islande (648,8 millions de dollars). L'agriculture par habitant au Groenland était supérieure à celle de l'Islande (2 435,0 de dollars) et du Canada (527,4 de dollars). La croissance de l'agriculture au Groenland était supérieure à celle de l'Islande (-1,2%); mais inférieure à celle du Canada (1,1%).

Comparaison avec les leaders. L'agriculture du Groenland était inférieure à celle de la Chine (139,0 milliards de dollars), des États-Unis (96,1 milliards de dollars), de l'Inde (91,4 milliards de dollars), du Japon (78,9 milliards de dollars) et du Brésil (36,8 milliards de dollars). L'agriculture par habitant au Groenland était supérieure à celle du Japon (625,5 de dollars), des États-Unis (363,4 de dollars), du Brésil (228,7 de dollars), de la Chine (112,7 de dollars) et de l'Inde (95,6 de dollars). La croissance de l'agriculture au Groenland était supérieure à celle du Japon (-1,8%); mais inférieure à celle de la Chine (4,3%), du Brésil (3,0%), de l'Inde (2,8%) et des États-Unis (2,6%).

Les années 2000

La valeur de l'agriculture au Groenland était de 282,7 millions de dollars par an dans les années 2000, au 150ème rang mondial à égalité avec l'Eswatini (287,0 millions de dollars). La part dans le monde était de 0,018% et de 0,098% dans les Amériques.

La part de l'agriculture dans l'économie du Groenland était de 16,1% dans les années 2000, se classant au 63ème rang mondial, à égalité avec la Micronésie (16,0%).

L'agriculture par habitant au Groenland était de 4986.1 dollars dans les années 2000, se situant au 1er rang mondial. L'agriculture par habitant au Groenland était 20,7 fois supérieure l'agriculture par habitant au Monde (240,3 US$), et 15,2 fois supérieure l'agriculture par habitant dans les Amériques (327,5 US$).

La croissance de l'agriculture au Groenland était de 1.6% dans les années 2000, se classant au 121ème rang mondial, à égalité avec la Papouasie-Nouvelle-Guinée (1,6%). La croissance de l'agriculture au Groenland (1,6%) a été inférieure à celle du monde (3,0%), et inférieure à celle des Amériques (2,7%).

Comparaison avec les voisins. Le secteur de l'agriculture au Groenland était inférieur à celui du Canada (20,3 milliards de dollars) et de l'Islande (754,7 millions de dollars). L'agriculture par habitant au Groenland était supérieure à celle de l'Islande (2 554,5 de dollars) et du Canada (634,5 de dollars). La croissance de l'agriculture au Groenland était supérieure à celle du Canada (1,2%) et de l'Islande (-0,0075%).

Chapitre IV. Agriculture

Comparaison avec les leaders. La valeur de l'agriculture au Groenland était inférieure à celle de la Chine (297,7 milliards de dollars), de l'Inde (147,6 milliards de dollars), des États-Unis (122,5 milliards de dollars), du Japon (57,1 milliards de dollars) et du Nigeria (47,6 milliards de dollars). L'agriculture par habitant au Groenland était supérieure à celle du Japon (445,6 de dollars), des États-Unis (416,9 de dollars), du Nigeria (346,4 de dollars), de la Chine (224,5 de dollars) et de l'Inde (129,7 de dollars). La croissance de l'agriculture au Groenland était supérieure à celle du Japon (-1,3%); mais inférieure à celle du Nigeria (10,1%), de la Chine (4,0%), des États-Unis (3,6%) et de l'Inde (2,0%).

Les années 2010

La valeur ajoutée de l'agriculture au Groenland était de 461,9 millions de dollars par an dans les années 2010, se classant au 148ème rang mondial. La part dans le monde était de 0,015% et de 0,095% dans les Amériques.

La part de l'agriculture dans l'économie du Groenland était de 17,4% dans les années 2010, se classant au 55ème rang mondial, à égalité avec l'Érythrée (17,4%), la Micronésie (17,3%).

L'agriculture par habitant au Groenland était de 8176.1 dollars dans les années 2010, se classant au 1er rang mondial. L'agriculture par habitant au Groenland était 18,9 fois supérieure l'agriculture par habitant au Monde (432,1 US$), et 16,4 fois supérieure l'agriculture par habitant dans les Amériques (498,8 US$).

La croissance de l'agriculture au Groenland était de 1.7% dans les années 2010, se situant au 114ème rang mondial. La croissance de l'agriculture au Groenland (1,7%) a été inférieure à celle du monde (2,9%), et inférieure à celle des Amériques (2,2%).

Comparaison avec les voisins. Le secteur de l'agriculture au Groenland était 65,5 fois inférieur à celui du Canada (30,3 milliards de dollars) et 2,1 fois inférieur à celui de l'Islande (947,0 millions de dollars). L'agriculture par habitant au Groenland était 2,8 fois supérieure à celle de l'Islande (2 871,6 de dollars) et 9,7 fois supérieure à celle du Canada (845,0 de dollars). La croissance de l'agriculture au Groenland était supérieure à celle de l'Islande (1,5%); mais inférieure à celle du Canada (3,4%).

Comparaison avec les leaders. La valeur ajoutée de l'agriculture au Groenland était 1 918,6 fois inférieure à celle de la Chine (886,2 milliards de dollars), 786,7 fois inférieure à celle de l'Inde (363,4 milliards de dollars), 390,3 fois inférieure à celle des États-Unis (180,3 milliards de dollars), 268,6 fois inférieure à celle de l'Indonésie (124,1 milliards de dollars) et 207,3 fois inférieure à celle du Nigeria (95,8 milliards de dollars). L'agriculture par habitant au Groenland était 12,9 fois supérieure à celle de la Chine (631,9 de dollars), 14,5 fois supérieure à celle des États-Unis (564,3 de dollars), 15,3 fois supérieure à celle du Nigeria (534,6 de dollars), 16,9 fois supérieure à celle de l'Indonésie (483,6 de dollars) et 29,3 fois supérieure à celle de l'Inde (279,1 de dollars). La croissance de l'agriculture au Groenland était inférieure à celle de l'Inde (4,1%), de l'Indonésie (3,9%), de la Chine (3,8%), du Nigeria (3,6%) et des États-Unis (2,0%).

Chapitre V. Industrie

Exploitation minière, fabrication, services publics (ISIC C-E)

La valeur de l'industrie au Groenland est passé de 23,5 millions de dollars par an dans les années 1970 à 221,9 millions de dollars par an dans les années 2010, c'est-à-dire 198,4 millions de dollars ou de 9,5 fois. La variation a été de 169,3 millions de dollars en raison de l'augmentation de 4,2 fois des prix, et de 25,4 millions de dollars en raison de la croissance de productivité de 1,9 fois, et de 3,7 millions de dollars en raison de la croissance démographique. La croissance annuelle moyenne de l'industrie était de 2,7%. La valeur minimale était de 7,8 millions de dollars en 1970. La valeur maximale était de 255,8 millions de dollars en 2012.

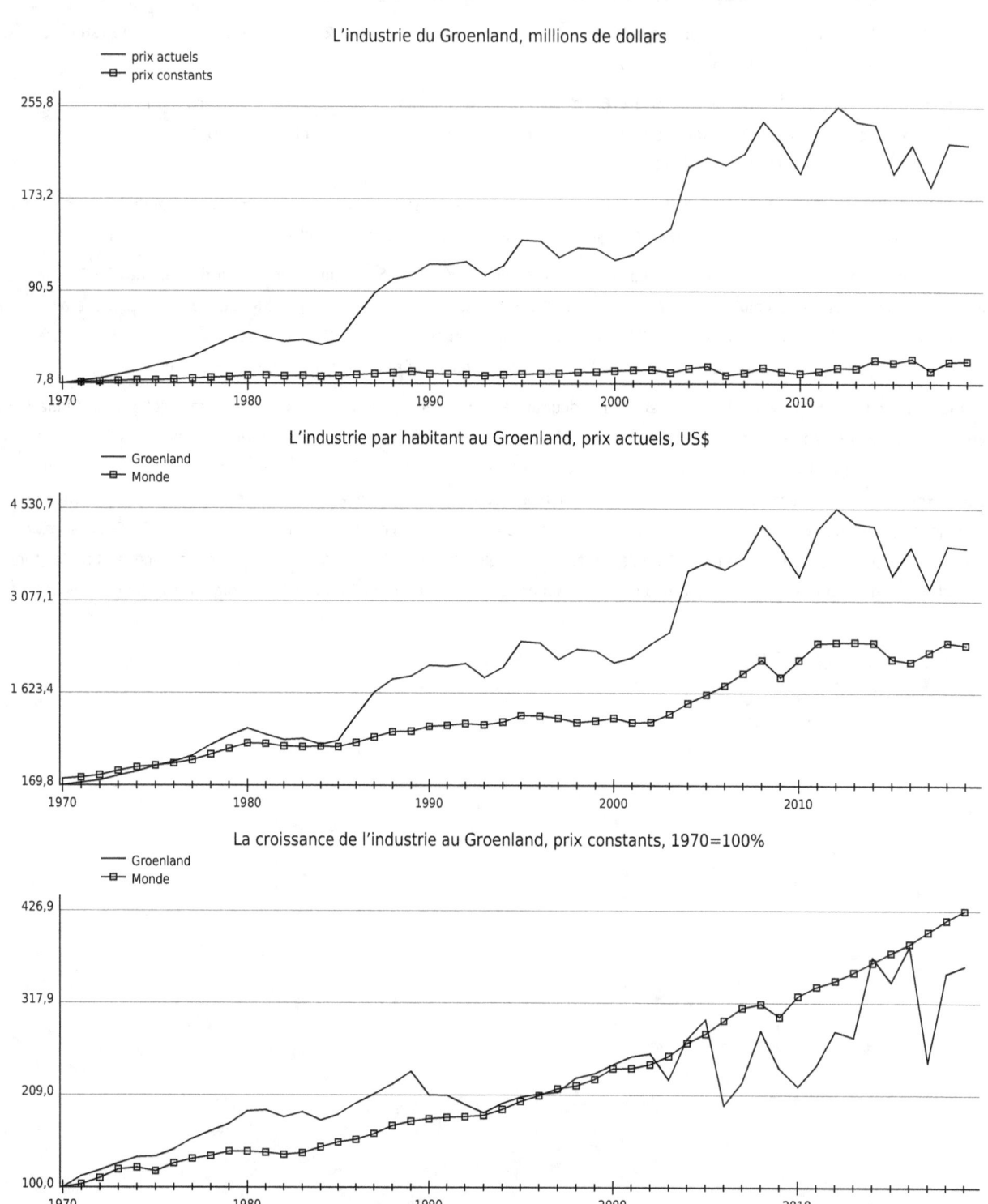

Chapitre V. Industrie

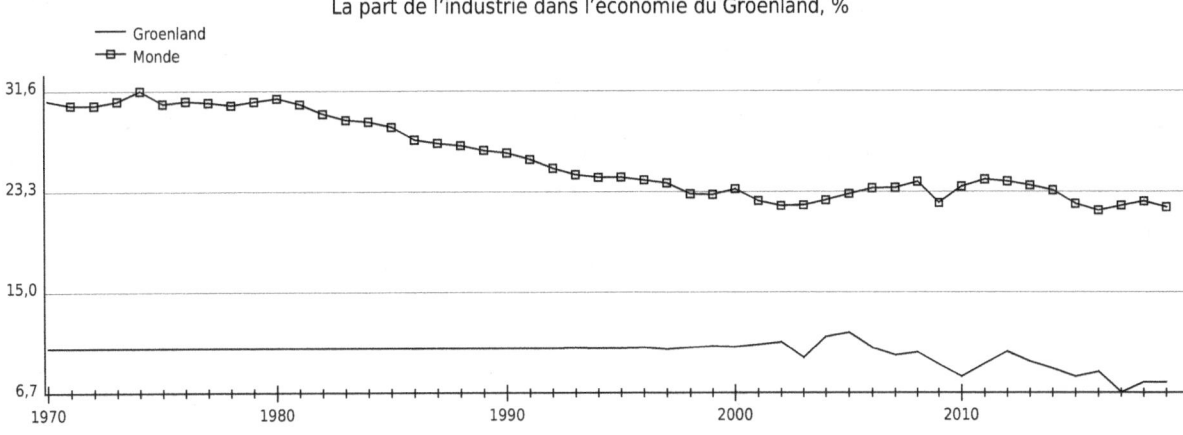

Les années 1970

L'industrie du Groenland était de 23,5 millions de dollars par an dans les années 1970, se classant au 150ème rang mondial. La part dans le monde était de 0,0012% et de 0,0038% dans les Amériques.

La part de l'industrie dans l'économie du Groenland était de 10,4% dans les années 1970, se classant au 147ème rang mondial, à égalité avec le Soudan (10,5%).

L'industrie par habitant au Groenland était de 480.5 dollars dans les années 1970, se classant au 52ème rang mondial, à égalité avec le Monde (480,5 de dollars), l'Andorre (477,6 de dollars), l'Afrique du Sud (469,8 de dollars). L'industrie par habitant au Groenland était 0,017% supérieure l'industrie par habitant au Monde (480,5 US$), et 2,3 fois inférieure l'industrie par habitant dans les Amériques (1 091,1 US$).

La croissance de l'industrie au Groenland était de 6.4% dans les années 1970, se classant au 62ème rang mondial, à égalité avec le Malawi (6,4%). La croissance de l'industrie au Groenland (6,4%) a été supérieure à celle du monde (4,0%), et supérieure à celle des Amériques (3,2%).

Comparaison avec les voisins. La valeur de l'industrie au Groenland était inférieure à celle du Canada (44,9 milliards de dollars) et de l'Islande (298,7 millions de dollars). L'industrie par habitant au Groenland était inférieure à celle du Canada (1 963,4 de dollars) et de l'Islande (1 382,4 de dollars). La croissance de l'industrie au Groenland était supérieure à celle du Canada (3,2%); mais inférieure à celle de l'Islande (6,8%).

Comparaison avec les leaders. Le secteur de l'industrie au Groenland était inférieur à celui des États-Unis (450,4 milliards de dollars), de l'URSS (248,8 milliards de dollars), du Japon (185,6 milliards de dollars), de l'Allemagne (158,4 milliards de dollars) et du Royaume-Uni (72,6 milliards de dollars). L'industrie par habitant au Groenland était inférieure à celle des États-Unis (2 063,8 de dollars), de l'Allemagne (2 011,9 de dollars), du Japon (1 666,5 de dollars), du Royaume-Uni (1 295,1 de dollars) et de l'URSS (986,6 de dollars). La croissance de l'industrie au Groenland était supérieure à celle de l'URSS (5,2%), du Japon (4,5%), des États-Unis (2,4%), de l'Allemagne (2,1%) et du Royaume-Uni (1,9%).

Les années 1980

L'industrie du Groenland était de 64,6 millions de dollars par an dans les années 1980, se situant au 148ème rang mondial. La part dans le monde était de 0,0016% et de 0,0047% dans les Amériques.

La part de l'industrie dans l'économie du Groenland était de 10,4% dans les années 1980, se situant au 146ème rang mondial.

L'industrie par habitant au Groenland était de 1224.2 dollars dans les années 1980, se situant au 42ème rang mondial, à égalité avec l'Asie de l'Ouest (1 249,8 de dollars). L'industrie par habitant au Groenland était 42,0% supérieure l'industrie par habitant au Monde (861,8 US$), et 41,3% inférieure l'industrie par habitant dans les Amériques (2 085,6 US$).

La croissance de l'industrie au Groenland était de 3.1% dans les années 1980, se classant au 89ème rang mondial. La croissance de l'industrie au Groenland (3,1%) a été supérieure à celle du monde (2,3%), et supérieure à celle des Amériques (1,9%).

Comparaison avec les voisins. La valeur de l'industrie au Groenland était inférieure à celle du Canada (99,2 milliards de dollars) et de l'Islande (839,9 millions de dollars). L'industrie par habitant au Groenland était inférieure à celle du Canada (3 860,9 de dollars) et de l'Islande (3 496,3 de dollars). La croissance de l'industrie au Groenland était supérieure à celle de l'Islande (1,9%) et du Canada (1,9%).

Comparaison avec les leaders. Le secteur de l'industrie au Groenland était inférieur à celui des États-Unis (1,0 billions de dollars), du Japon (566,4 milliards de dollars), de l'URSS (305,7 milliards de dollars), de l'Allemagne (297,5 milliards de dollars) et du Royaume-Uni (171,2 milliards de dollars). L'industrie par habitant au Groenland était supérieure à celle de l'URSS (1 110,8 de dollars); mais inférieure à celle du Japon (4 670,2 de dollars), des États-Unis (4 176,6 de dollars), de l'Allemagne (3 812,7 de dollars) et du Royaume-Uni (3 032,7 de dollars). La croissance de l'industrie au Groenland était supérieure à celle des États-Unis (1,9%), du Royaume-Uni (1,4%) et de l'Allemagne (1,2%); mais inférieure à celle de l'URSS (5,3%) et du Japon (4,2%).

Les années 1990

L'industrie du Groenland était de 121,3 millions de dollars par an dans les années 1990, se classant au 168ème rang mondial à égalité avec les Bermudes (121,1 millions de dollars). La part dans le monde était de 0,0018% et de 0,0058% dans les Amériques.

La part de l'industrie dans l'économie du Groenland était de 10,4% dans les années 1990, au 168ème rang mondial, à égalité avec le Népal (10,4%).

L'industrie par habitant au Groenland était de 2171.2 dollars dans les années 1990, au 40ème rang mondial, à égalité avec Hong Kong (2 133,7 de dollars). L'industrie par habitant au Groenland était 84,7% supérieure l'industrie par habitant au Monde (1 175,6 US$), et 19,7% inférieure l'industrie par habitant dans les Amériques (2 704,1 US$).

La croissance de l'industrie au Groenland était de -0.1% dans les années 1990, se situant au 157ème rang mondial. La croissance de l'industrie au Groenland (-0,095%) a été inférieure à celle du monde (2,5%), et inférieure à celle des Amériques (2,8%).

Comparaison avec les voisins. L'industrie du Groenland était inférieure à celle du Canada (138,6 milliards de dollars) et de l'Islande (1,3 milliards de dollars). L'industrie par habitant au Groenland était inférieure à celle de l'Islande (4 808,8 de dollars) et du Canada (4 783,1 de dollars). La croissance de l'industrie au Groenland était inférieure à celle du Canada (2,5%) et de l'Islande (1,7%).

Comparaison avec les leaders. La valeur de l'industrie au Groenland était inférieure à celle des États-Unis (1,5 billions de dollars), du Japon (1,2 billions de dollars), de l'Allemagne (534,0 milliards de dollars), de la Chine (285,9 milliards de dollars) et du Royaume-Uni (268,6 milliards de dollars). L'industrie par habitant au Groenland était supérieure à celle de la Chine (231,9 de dollars); mais inférieure à celle du Japon (9 400,9 de dollars), de l'Allemagne (6 621,6 de dollars), des États-Unis (5 704,4 de dollars) et du Royaume-Uni (4 639,8 de dollars). La croissance de l'industrie au Groenland était inférieure à celle de la Chine (13,1%), des États-Unis (2,8%), du Japon (1,3%), du Royaume-Uni (1,2%) et de l'Allemagne (0,33%).

Les années 2000

La valeur de l'industrie au Groenland était de 181,9 millions de dollars par an dans les années 2000, au 170ème rang mondial. La part dans le monde était de 0,0018% et de 0,0059% dans les Amériques.

La part de l'industrie dans l'économie du Groenland était de 10,3% dans les années 2000, au 169ème rang mondial, à égalité avec le Népal (10,3%), l'Albanie (10,4%), le Cap-Vert (10,4%).

L'industrie par habitant au Groenland était de 3208.3 dollars dans les années 2000, se classant au 43ème rang mondial. L'industrie par habitant au Groenland était 2,0 fois supérieure l'industrie par habitant au Monde (1 573,8 US$), et 8,3% inférieure l'industrie par habitant dans les Amériques (3 499,5 US$).

La croissance de l'industrie au Groenland était de 0.2% dans les années 2000, se classant au 166ème rang mondial. La croissance de l'industrie au Groenland (0,24%) a été inférieure à celle du monde (2,9%), et inférieure à celle des Amériques (1,4%).

Comparaison avec les voisins. La valeur ajoutée de l'industrie au Groenland était inférieure à celle du Canada (246,3 milliards de dollars) et de l'Islande (1,9 milliards de dollars). L'industrie par habitant au Groenland était inférieure à celle du Canada (7 681,8 de dollars) et de l'Islande (6 453,9 de dollars). La croissance de l'industrie au Groenland était supérieure à celle du Canada (-0,63%); mais inférieure à celle de l'Islande (2,7%).

Comparaison avec les leaders. L'industrie du Groenland était inférieure à celle des États-Unis (2,1 billions de dollars), du Japon (1,1 billions de dollars), de la Chine (1,1 billions de dollars), de l'Allemagne (629,4 milliards de dollars) et du Royaume-Uni (345,1 milliards de dollars). L'industrie par habitant au Groenland était supérieure à celle de la Chine (795,3 de dollars); mais inférieure à celle du

Chapitre V. Industrie

Japon (8 848,8 de dollars), de l'Allemagne (7 732,1 de dollars), des États-Unis (7 144,5 de dollars) et du Royaume-Uni (5 710,8 de dollars). La croissance de l'industrie au Groenland était supérieure à celle de l'Allemagne (0,19%), du Japon (0,15%) et du Royaume-Uni (-1,1%); mais inférieure à celle de la Chine (11,1%) et des États-Unis (1,5%).

Les années 2010

L'industrie du Groenland était de 221,9 millions de dollars par an dans les années 2010, se situant au 173ème rang mondial à égalité avec d'Aruba (221,0 millions de dollars). La part dans le monde était de 0,0013% et de 0,0052% dans les Amériques.

La part de l'industrie dans l'économie du Groenland était de 8,4% dans les années 2010, se classant au 176ème rang mondial.

L'industrie par habitant au Groenland était de 3927.8 dollars dans les années 2010, au 45ème rang mondial, à égalité avec le Gabon (3 976,4 de dollars). L'industrie par habitant au Groenland était 69,2% supérieure l'industrie par habitant au Monde (2 320,9 US$), et 9,8% inférieure l'industrie par habitant dans les Amériques (4 354,8 US$).

La croissance de l'industrie au Groenland était de 4.2% dans les années 2010, au 65ème rang mondial, à égalité avec la Lituanie (4,2%), la Zambie (4,2%). La croissance de l'industrie au Groenland (4,2%) a été supérieure à celle du monde (3,5%), et supérieure à celle des Amériques (1,8%).

Comparaison avec les voisins. La valeur de l'industrie au Groenland était 1 384,8 fois inférieure à celle du Canada (307,3 milliards de dollars) et 12,8 fois inférieure à celle de l'Islande (2,8 milliards de dollars). L'industrie par habitant au Groenland était 2,2 fois inférieure à celle de l'Islande (8 583,2 de dollars) et 2,2 fois inférieure à celle du Canada (8 579,0 de dollars). La croissance de l'industrie au Groenland était supérieure à celle de l'Islande (2,5%) et du Canada (2,5%).

Comparaison avec les leaders. Le secteur de l'industrie au Groenland était 16 597,7 fois inférieur à celui de la Chine (3,7 billions de dollars), 12 354,8 fois inférieur à celui des États-Unis (2,7 billions de dollars), 5 364,4 fois inférieur à celui du Japon (1,2 billions de dollars), 3 785,2 fois inférieur à celui de l'Allemagne (840,0 milliards de dollars) et 1 998,0 fois inférieur à celui de l'Inde (443,4 milliards de dollars). L'industrie par habitant au Groenland était 49,6% supérieure à celle de la Chine (2 626,2 de dollars) et 11,5 fois supérieure à celle de l'Inde (340,6 de dollars); mais 2,6 fois inférieure à celle de l'Allemagne (10 261,3 de dollars), 2,4 fois inférieure à celle du Japon (9 305,3 de dollars) et 2,2 fois inférieure à celle des États-Unis (8 581,2 de dollars). La croissance de l'industrie au Groenland était supérieure à celle de l'Allemagne (3,2%), du Japon (2,6%) et des États-Unis (2,2%); mais inférieure à celle de la Chine (7,5%) et de l'Inde (6,5%).

Chapitre 5.1. Fabrication

(ISIC D)

Le secteur de la fabrication au Groenland est passé de 16,6 millions de dollars par an dans les années 1970 à 121,0 millions de dollars par an dans les années 2010, c'est-à-dire 104,4 millions de dollars ou de 7,3 fois. La variation a été de 93,4 millions de dollars en raison de l'augmentation de 4,4 fois des prix, et de 8,5 millions de dollars en raison de la croissance de productivité de 1,4 fois, et de 2,6 millions de dollars en raison de la croissance démographique. La croissance annuelle moyenne de la fabrication était de 1,9%. La valeur minimale était de 5,5 millions de dollars en 1970. La valeur maximale était de 153,8 millions de dollars en 2005.

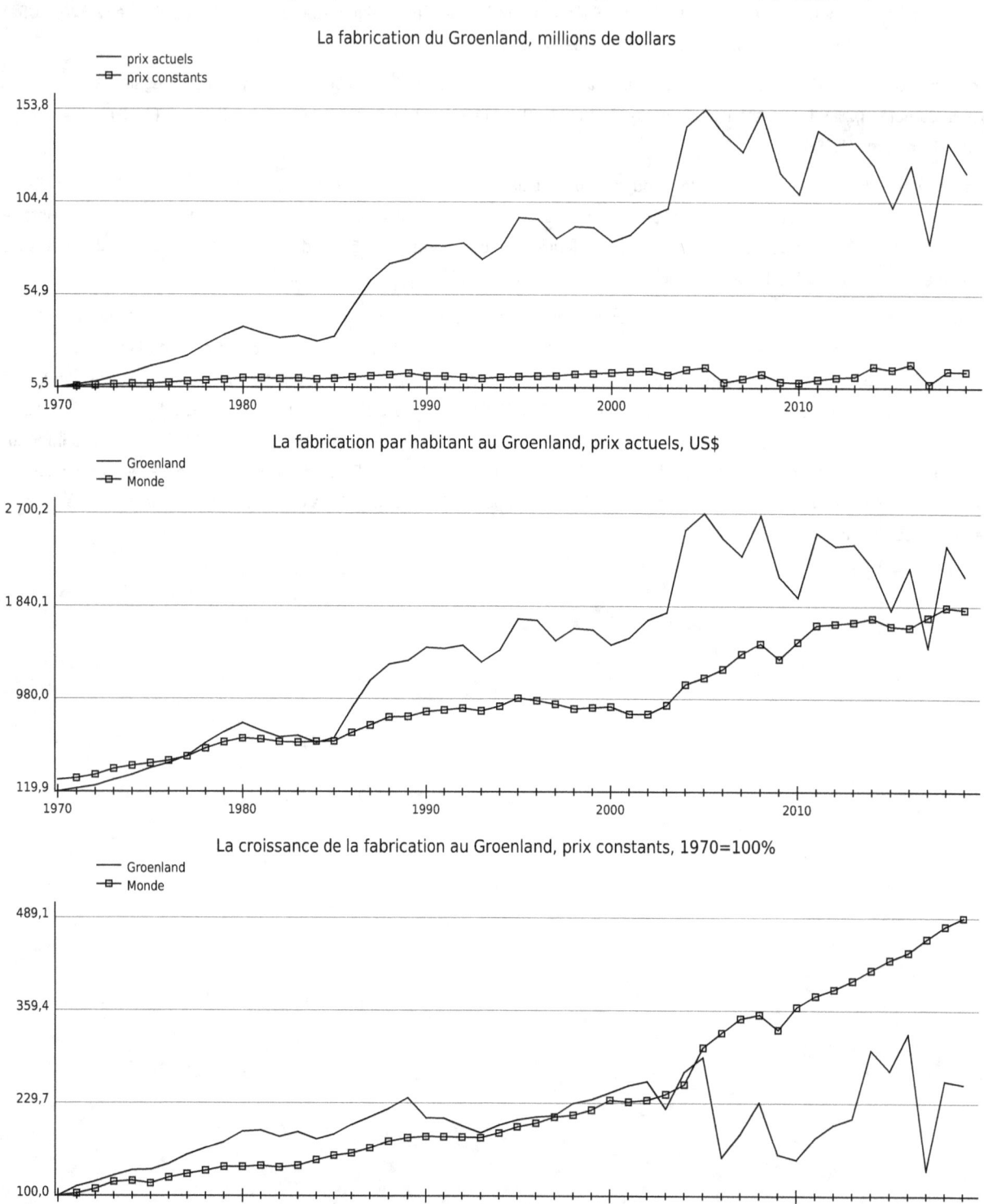

Chapitre 5.1. Fabrication

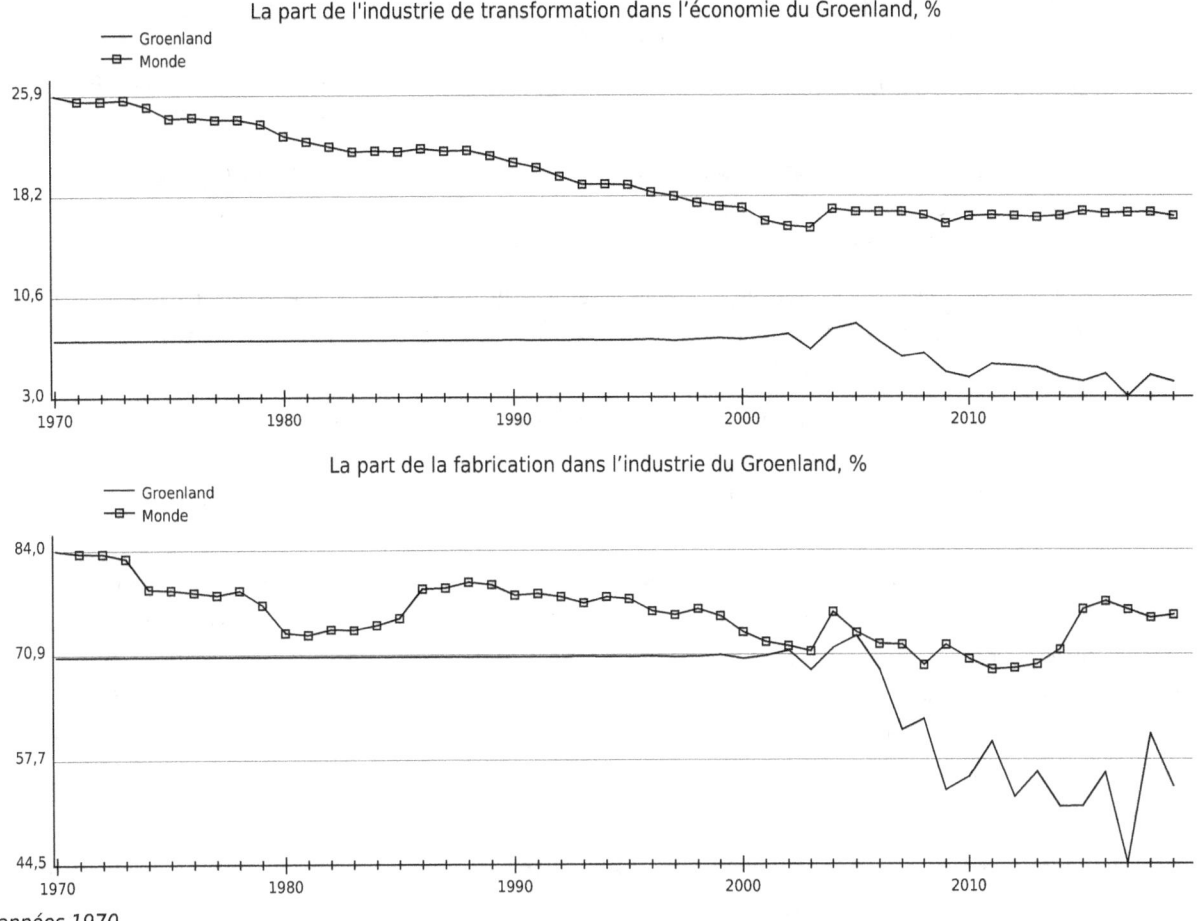

Les années 1970

La fabrication du Groenland était de 16,6 millions de dollars par an dans les années 1970, se situant au 147ème rang mondial. La part dans le monde était de 0,0011% et de 0,0033% dans les Amériques.

La part de la fabrication dans l'économie du Groenland était de 7,4% dans les années 1970, se situant au 135ème rang mondial, à égalité avec la Polynésie (7,4%), le Rwanda (7,3%), le Botswana (7,4%).

La fabrication par habitant au Groenland était de 339.5 dollars dans les années 1970, au 45ème rang mondial, à égalité avec le Mexique (335,7 de dollars). La fabrication par habitant au Groenland était 11,4% inférieure la fabrication par habitant au Monde (383,2 US$), et 2,6 fois inférieure la fabrication par habitant dans les Amériques (896,7 US$).

La croissance de la fabrication au Groenland était de 6.4% dans les années 1970, se situant au 59ème rang mondial, à égalité avec Sainte-Lucie (6,4%), l'Italie (6,4%). La croissance de l'industrie de transformation au Groenland (6,4%) a été supérieure à celle du monde (3,8%), et supérieure à celle des Amériques (3,6%).

Comparaison avec les voisins. La valeur ajoutée de la fabrication au Groenland était inférieure à celle du Canada (31,6 milliards de dollars) et de l'Islande (249,8 millions de dollars). La fabrication par habitant au Groenland était inférieure à celle du Canada (1 382,9 de dollars) et de l'Islande (1 156,0 de dollars). La croissance de la fabrication au Groenland était supérieure à celle du Canada (4,5%); mais inférieure à celle de l'Islande (6,7%).

Comparaison avec les leaders. La valeur ajoutée de la fabrication au Groenland était inférieure à celle des États-Unis (378,0 milliards de dollars), de l'URSS (248,8 milliards de dollars), du Japon (169,3 milliards de dollars), de l'Allemagne (138,0 milliards de dollars) et de la France (64,5 milliards de dollars). La fabrication par habitant au Groenland était inférieure à celle de l'Allemagne (1 752,1 de dollars), des États-Unis (1 731,8 de dollars), du Japon (1 520,6 de dollars), de la France (1 203,0 de dollars) et de l'URSS (986,6 de dollars). La croissance de l'industrie de transformation au Groenland était supérieure à celle de l'URSS (5,2%), du Japon (4,5%), de la France (3,5%), des États-Unis (2,7%) et de l'Allemagne (2,1%).

Les années 1980

Le secteur de la fabrication au Groenland était de 45,6 millions de dollars par an dans les années 1980, se classant au 146ème rang mondial. La part dans le monde était de 0,0014% et de 0,0043% dans les Amériques.

La part de l'industrie de transformation dans l'économie du Groenland était de 7,4% dans les années 1980, au 139ème rang mondial, à égalité avec le Soudan (7,3%).

La fabrication par habitant au Groenland était de 864.8 dollars dans les années 1980, au 41ème rang mondial, à égalité avec la Polynésie française (857,8 de dollars). La fabrication par habitant au Groenland était 30,8% supérieure la fabrication par habitant au Monde (661,2 US$), et 45,9% inférieure la fabrication par habitant dans les Amériques (1 597,5 US$).

La croissance de la fabrication au Groenland était de 3.1% dans les années 1980, se situant au 91ème rang mondial, à égalité avec le Malawi (3,1%), le Chili (3,1%). La croissance de l'industrie de transformation au Groenland (3,1%) a été supérieure à celle du monde (2,6%), et supérieure à celle des Amériques (1,8%).

Comparaison avec les voisins. La fabrication du Groenland était inférieure à celle du Canada (64,9 milliards de dollars) et de l'Islande (659,0 millions de dollars). La fabrication par habitant au Groenland était inférieure à celle de l'Islande (2 743,4 de dollars) et du Canada (2 525,5 de dollars). La croissance de la fabrication au Groenland était supérieure à celle du Canada (2,2%) et de l'Islande (1,1%).

Comparaison avec les leaders. Le secteur de l'industrie de transformation au Groenland était inférieur à celui des États-Unis (789,4 milliards de dollars), du Japon (501,0 milliards de dollars), de l'URSS (305,7 milliards de dollars), de l'Allemagne (258,7 milliards de dollars) et de l'Italie (134,1 milliards de dollars). La fabrication par habitant au Groenland était inférieure à celle du Japon (4 131,0 de dollars), de l'Allemagne (3 316,0 de dollars), des États-Unis (3 296,4 de dollars), de l'Italie (2 359,9 de dollars) et de l'URSS (1 110,8 de dollars). La croissance de la fabrication au Groenland était supérieure à celle de l'Italie (2,5%), des États-Unis (1,9%) et de l'Allemagne (1,2%); mais inférieure à celle de l'URSS (5,3%) et du Japon (4,4%).

Les années 1990

Le secteur de l'industrie de transformation au Groenland était de 85,7 millions de dollars par an dans les années 1990, au 166ème rang mondial. La part dans le monde était de 0,0017% et de 0,0051% dans les Amériques.

La part de l'industrie de transformation dans l'économie du Groenland était de 7,4% dans les années 1990, se classant au 160ème rang mondial, à égalité avec la Guinée-Bissau (7,3%), Saint-Christophe-et-Niévès (7,4%).

La fabrication par habitant au Groenland était de 1534.1 dollars dans les années 1990, se situant au 37ème rang mondial. La fabrication par habitant au Groenland était 68,9% supérieure la fabrication par habitant au Monde (908,4 US$), et 29,4% inférieure la fabrication par habitant dans les Amériques (2 172,9 US$).

La croissance de l'industrie de transformation au Groenland était de -0.1% dans les années 1990, se classant au 152ème rang mondial. La croissance de la fabrication au Groenland (-0,073%) a été inférieure à celle du monde (2,0%), et inférieure à celle des Amériques (3,0%).

Comparaison avec les voisins. La valeur ajoutée de l'industrie de transformation au Groenland était inférieure à celle du Canada (97,8 milliards de dollars) et de l'Islande (1,0 milliards de dollars). La fabrication par habitant au Groenland était inférieure à celle de l'Islande (3 781,6 de dollars) et du Canada (3 374,5 de dollars). La croissance de la fabrication au Groenland était inférieure à celle du Canada (2,7%) et de l'Islande (1,4%).

Comparaison avec les leaders. La valeur ajoutée de la fabrication au Groenland était inférieure à celle des États-Unis (1,2 billions de dollars), du Japon (1,0 billions de dollars), de l'Allemagne (468,8 milliards de dollars), de l'Italie (227,8 milliards de dollars) et de la France (215,0 milliards de dollars). La fabrication par habitant au Groenland était inférieure à celle du Japon (8 305,2 de dollars), de l'Allemagne (5 813,5 de dollars), des États-Unis (4 707,3 de dollars), de l'Italie (3 994,1 de dollars) et de la France (3 621,1 de dollars). La croissance de la fabrication au Groenland était inférieure à celle des États-Unis (3,2%), de la France (2,4%), de l'Italie (1,2%), du Japon (1,1%) et de l'Allemagne (0,26%).

Les années 2000

La valeur de l'industrie de transformation au Groenland était de 121,0 millions de dollars par an dans les années 2000, se situant au 168ème rang mondial. La part dans le monde était de 0,0016% et de 0,0053% dans les Amériques.

Chapitre 5.1. Fabrication

La part de la fabrication dans l'économie du Groenland était de 6,9% dans les années 2000, se classant au 158ème rang mondial, à égalité avec Sao Tomé-et-Principe (6,9%), Saint-Christophe-et-Niévès (6,9%), la république du Congo (6,9%).

La fabrication par habitant au Groenland était de 2134.9 dollars dans les années 2000, au 38ème rang mondial, à égalité avec Malte (2 108,7 de dollars). La fabrication par habitant au Groenland était 87,6% supérieure la fabrication par habitant au Monde (1 138,1 US$), et 17,4% inférieure la fabrication par habitant dans les Amériques (2 583,7 US$).

La croissance de la fabrication au Groenland était de -3.9% dans les années 2000, se situant au 199ème rang mondial. La croissance de la fabrication au Groenland (-3,9%) a été inférieure à celle du monde (4,2%), et inférieure à celle des Amériques (1,4%).

Comparaison avec les voisins. Le secteur de l'industrie de transformation au Groenland était inférieur à celui du Canada (144,4 milliards de dollars) et de l'Islande (1,4 milliards de dollars). La fabrication par habitant au Groenland était inférieure à celle de l'Islande (4 748,0 de dollars) et du Canada (4 502,3 de dollars). La croissance de la fabrication au Groenland était inférieure à celle de l'Islande (1,4%) et du Canada (-1,5%).

Comparaison avec les leaders. La fabrication du Groenland était inférieure à celle des États-Unis (1,6 billions de dollars), de la Chine (1,1 billions de dollars), du Japon (992,9 milliards de dollars), de l'Allemagne (551,4 milliards de dollars) et de l'Italie (277,2 milliards de dollars). La fabrication par habitant au Groenland était supérieure à celle de la Chine (815,3 de dollars); mais inférieure à celle du Japon (7 746,3 de dollars), de l'Allemagne (6 773,6 de dollars), des États-Unis (5 600,5 de dollars) et de l'Italie (4 780,8 de dollars). La croissance de l'industrie de transformation au Groenland était inférieure à celle des États-Unis (1,6%), du Japon (0,32%), de l'Allemagne (0,097%) et de l'Italie (-1,3%).

Les années 2010

La valeur de l'industrie de transformation au Groenland était de 121,0 millions de dollars par an dans les années 2010, se classant au 174ème rang mondial à égalité avec l'Érythrée (123,7 millions de dollars). La part dans le monde était de 0,0010% et de 0,0040% dans les Amériques.

La part de l'industrie de transformation dans l'économie du Groenland était de 4,6% dans les années 2010, au 178ème rang mondial.

La fabrication par habitant au Groenland était de 2141.9 dollars dans les années 2010, au 51ème rang mondial. La fabrication par habitant au Groenland était 26,2% supérieure la fabrication par habitant au Monde (1 697,4 US$), et 30,9% inférieure la fabrication par habitant dans les Amériques (3 100,6 US$).

La croissance de l'industrie de transformation au Groenland était de 5% dans les années 2010, au 49ème rang mondial, à égalité avec la Macédoine du Nord (4,9%), l'Asie du Sud-Est (4,9%). La croissance de la fabrication au Groenland (5,0%) a été supérieure à celle du monde (3,9%), et supérieure à celle des Amériques (1,6%).

Comparaison avec les voisins. La valeur ajoutée de la fabrication au Groenland était 1 389,5 fois inférieure à celle du Canada (168,1 milliards de dollars) et 16,1 fois inférieure à celle de l'Islande (1,9 milliards de dollars). La fabrication par habitant au Groenland était 2,8 fois inférieure à celle de l'Islande (5 908,8 de dollars) et 2,2 fois inférieure à celle du Canada (4 694,1 de dollars). La croissance de la fabrication au Groenland était supérieure à celle de l'Islande (3,1%) et du Canada (1,7%).

Comparaison avec les leaders. Le secteur de la fabrication au Groenland était 25 742,7 fois inférieur à celui de la Chine (3,1 billions de dollars), 17 110,5 fois inférieur à celui des États-Unis (2,1 billions de dollars), 8 759,7 fois inférieur à celui du Japon (1,1 billions de dollars), 6 075,5 fois inférieur à celui de l'Allemagne (735,2 milliards de dollars) et 3 227,1 fois inférieur à celui de la Corée du Sud (390,5 milliards de dollars). La fabrication par habitant au Groenland était 4,2 fois inférieure à celle de l'Allemagne (8 981,7 de dollars), 3,9 fois inférieure à celle du Japon (8 286,2 de dollars), 3,6 fois inférieure à celle de la Corée du Sud (7 723,3 de dollars), 3,0 fois inférieure à celle des États-Unis (6 481,0 de dollars) et 3,6% inférieure à celle de la Chine (2 221,3 de dollars). La croissance de la fabrication au Groenland était supérieure à celle de la Corée du Sud (3,8%), de l'Allemagne (3,5%), du Japon (3,0%) et des États-Unis (1,9%); mais inférieure à celle de la Chine (7,5%).

Chapitre VI. Construction

(ISIC F)

Le secteur de la construction au Groenland est passé de 11,3 millions de dollars par an dans les années 1970 à 259,9 millions de dollars par an dans les années 2010, c'est-à-dire 248,6 millions de dollars ou de 23,0 fois. La variation a été de 199,8 millions de dollars en raison de l'augmentation de 4,3 fois des prix, et de 47,0 millions de dollars en raison de la croissance de productivité de 4,6 fois, et de 1,8 millions de dollars en raison de la croissance démographique. La croissance annuelle moyenne de la construction était de 4,7%. La valeur minimale était de 3,8 millions de dollars en 1970. La valeur maximale était de 315,3 millions de dollars en 2018.

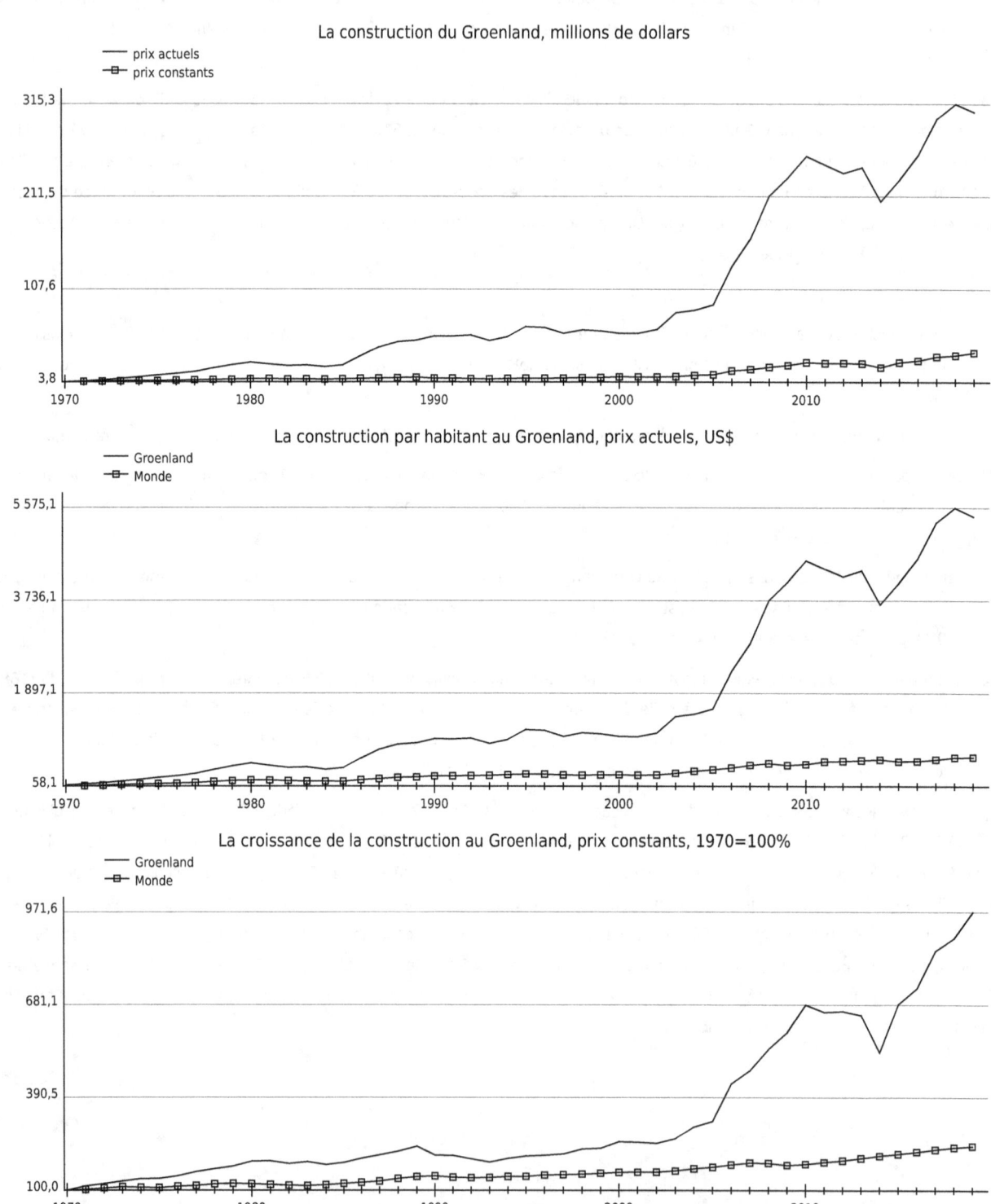

Chapitre VI. Construction

Les années 1970

La valeur ajoutée de la construction au Groenland était de 11,3 millions de dollars par an dans les années 1970, se classant au 150ème rang mondial à égalité avec le Bhoutan (11,1 millions de dollars). La part dans le monde était de 0,0026% et de 0,0093% dans les Amériques.

La part de la construction dans l'économie du Groenland était de 5,0% dans les années 1970, se situant au 118ème rang mondial, à égalité avec l'Amérique septentrionale (5,0%), le Belize (5,0%), d'Haïti (5,1%).

La construction par habitant au Groenland était de 231.9 dollars dans les années 1970, se situant au 44ème rang mondial. La construction par habitant au Groenland était 2,2 fois supérieure la construction par habitant au Monde (106,1 US$), et 6,6% supérieure la construction par habitant dans les Amériques (217,5 US$).

La croissance de la construction au Groenland était de 6.4% dans les années 1970, se situant au 69ème rang mondial, à égalité avec le Liberia (6,3%), la Hongrie (6,4%), le Pakistan (6,4%). La croissance de la construction au Groenland (6,4%) a été supérieure à celle du monde (2,1%), et supérieure à celle des Amériques (1,5%).

Comparaison avec les voisins. Le secteur de la construction au Groenland était inférieur à celui du Canada (12,2 milliards de dollars) et de l'Islande (187,1 millions de dollars). La construction par habitant au Groenland était inférieure à celle de l'Islande (865,7 de dollars) et du Canada (534,7 de dollars). La croissance de la construction au Groenland était supérieure à celle du Canada (3,3%) et de l'Islande (1,6%).

Comparaison avec les leaders. Le secteur de la construction au Groenland était inférieur à celui des États-Unis (81,1 milliards de dollars), de l'URSS (52,5 milliards de dollars), du Japon (43,5 milliards de dollars), de l'Allemagne (33,8 milliards de dollars) et de la France (22,4 milliards de dollars). La construction par habitant au Groenland était supérieure à celle de l'URSS (208,1 de dollars); mais inférieure à celle de l'Allemagne (428,6 de dollars), de la France (417,3 de dollars), du Japon (390,8 de dollars) et des États-Unis (371,5 de dollars). La croissance de la construction au Groenland était supérieure à celle du Japon (3,4%), de la France (2,0%), de l'Allemagne (0,66%) et des États-Unis (0,31%); mais inférieure à celle de l'URSS (6,5%).

Les années 1980

La construction du Groenland était de 31,2 millions de dollars par an dans les années 1980, se classant au 148ème rang mondial à égalité avec le Laos (31,5 millions de dollars). La part dans le monde était de 0,0035% et de 0,012% dans les Amériques.

La part de la construction dans l'économie du Groenland était de 5,0% dans les années 1980, au 117ème rang mondial, à égalité avec Sainte-Lucie (5,0%), le Népal (5,0%), la Thaïlande (5,1%).

La construction par habitant au Groenland était de 590.7 dollars dans les années 1980, se situant au 35ème rang mondial. La construction par habitant au Groenland était 3,2 fois supérieure la construction par habitant au Monde (186,2 US$), et 48,9% supérieure la construction par habitant dans les Amériques (396,8 US$).

La croissance de la construction au Groenland était de 3.1% dans les années 1980, se situant au 77ème rang mondial, à égalité avec la Malaisie (3,1%), les Palaos (3,1%), l'Islande (3,1%). La croissance de la construction au Groenland (3,1%) a été supérieure à celle du monde (1,7%), et supérieure à celle des Amériques (0,83%).

Comparaison avec les voisins. La construction du Groenland était inférieure à celle du Canada (24,2 milliards de dollars) et de l'Islande (392,8 millions de dollars). La construction par habitant au Groenland était inférieure à celle de l'Islande (1 635,4 de dollars) et du Canada (942,9 de dollars). La croissance de la construction au Groenland était supérieure à celle du Canada (2,8%); mais inférieure à celle de l'Islande (3,1%).

Comparaison avec les leaders. La valeur ajoutée de la construction au Groenland était inférieure à celle des États-Unis (180,6 milliards de dollars), du Japon (138,7 milliards de dollars), de l'URSS (72,1 milliards de dollars), de l'Allemagne (57,8 milliards de dollars) et de la France (42,5 milliards de dollars). La construction par habitant au Groenland était supérieure à celle de l'URSS (262,0 de dollars); mais inférieure à celle du Japon (1 143,9 de dollars), des États-Unis (754,4 de dollars), de la France (751,9 de dollars) et de l'Allemagne (740,2 de dollars). La croissance de la construction au Groenland était supérieure à celle du Japon (2,1%), des États-Unis (1,1%), de la France (0,67%) et de l'Allemagne (-0,52%); mais inférieure à celle de l'URSS (6,2%).

Les années 1990

La construction du Groenland était de 58,4 millions de dollars par an dans les années 1990, se classant au 162ème rang mondial. La part dans le monde était de 0,0037% et de 0,013% dans les Amériques.

La part de la construction dans l'économie du Groenland était de 5,0% dans les années 1990, se classant au 127ème rang mondial.

La construction par habitant au Groenland était de 1046.5 dollars dans les années 1990, se classant au 32ème rang mondial, à égalité avec l'Italie (1 054,2 de dollars), l'Irlande (1 035,0 de dollars), d'Anguilla (1 028,2 de dollars). La construction par habitant au Groenland était 3,8 fois supérieure la construction par habitant au Monde (278,6 US$), et 85,5% supérieure la construction par habitant dans les Amériques (564,1 US$).

La croissance de la construction au Groenland était de -0.2% dans les années 1990, au 144ème rang mondial. La croissance de la construction au Groenland (-0,21%) a été inférieure à celle du monde (0,71%), et inférieure à celle des Amériques (1,8%).

Comparaison avec les voisins. La construction du Groenland était inférieure à celle du Canada (31,8 milliards de dollars) et de l'Islande (578,5 millions de dollars). La construction par habitant au Groenland était inférieure à celle de l'Islande (2 171,2 de dollars) et du Canada (1 098,6 de dollars). La croissance de la construction au Groenland était supérieure à celle du Canada (-0,55%); mais inférieure à celle de l'Islande (1,0%).

Comparaison avec les leaders. La valeur ajoutée de la construction au Groenland était inférieure à celle du Japon (343,2 milliards de dollars), des États-Unis (299,1 milliards de dollars), de l'Allemagne (125,2 milliards de dollars), du Royaume-Uni (69,8 milliards de dollars) et de la France (68,8 milliards de dollars). La construction par habitant au Groenland était inférieure à celle du Japon (2 721,7 de dollars), de l'Allemagne (1 552,3 de dollars), du Royaume-Uni (1 205,1 de dollars), de la France (1 158,8 de dollars) et des États-Unis (1 131,2 de dollars). La croissance de la construction au Groenland était supérieure à celle du Royaume-Uni (-0,34%), de la France (-0,65%) et du Japon (-1,0%); mais inférieure à celle des États-Unis (1,8%) et de l'Allemagne (-0,047%).

Les années 2000

La valeur ajoutée de la construction au Groenland était de 117,7 millions de dollars par an dans les années 2000, au 161ème rang mondial à égalité avec d'Aruba (117,3 millions de dollars), le Niger (119,1 millions de dollars), le Cap-Vert (119,4 millions de dollars). La part dans le monde était de 0,0047% et de 0,014% dans les Amériques.

La part de la construction dans l'économie du Groenland était de 6,7% dans les années 2000, se situant au 75ème rang mondial, à égalité avec l'Uruguay (6,7%).

La construction par habitant au Groenland était de 2076.2 dollars dans les années 2000, au 25ème rang mondial, à égalité avec la Finlande (2 102,6 de dollars), le Japon (2 110,1 de dollars), l'Europe du Nord (2 116,0 de dollars). La construction par habitant au Groenland était 5,4 fois supérieure la construction par habitant au Monde (381,3 US$), et 2,2 fois supérieure la construction par habitant dans les Amériques (931,0 US$).

La croissance de la construction au Groenland était de 9.9% dans les années 2000, se situant au 41ème rang mondial. La croissance de la construction au Groenland (9,9%) a été supérieure à celle du monde (1,5%), et supérieure à celle des Amériques (-0,96%).

Comparaison avec les voisins. Le secteur de la construction au Groenland était inférieur à celui du Canada (63,9 milliards de dollars) et de l'Islande (1,1 milliards de dollars). La construction par habitant au Groenland était supérieure à celle du Canada (1 992,6 de dollars); mais inférieure à celle de l'Islande (3 649,4 de dollars). La croissance de la construction au Groenland était supérieure à celle

Chapitre VI. Construction

du Canada (3,6%) et de l'Islande (-0,99%).

Comparaison avec les leaders. La valeur ajoutée de la construction au Groenland était inférieure à celle des États-Unis (583,0 milliards de dollars), du Japon (270,5 milliards de dollars), de la Chine (150,1 milliards de dollars), du Royaume-Uni (132,1 milliards de dollars) et de l'Espagne (111,8 milliards de dollars). La construction par habitant au Groenland était supérieure à celle des États-Unis (1 983,7 de dollars) et de la Chine (113,1 de dollars); mais inférieure à celle de l'Espagne (2 560,2 de dollars), du Royaume-Uni (2 186,4 de dollars) et du Japon (2 110,1 de dollars). La croissance de la construction au Groenland était supérieure à celle de l'Espagne (1,7%), du Royaume-Uni (0,17%), des États-Unis (-2,6%) et du Japon (-3,9%); mais inférieure à celle de la Chine (11,9%).

Les années 2010

La construction du Groenland était de 259,9 millions de dollars par an dans les années 2010, se situant au 160ème rang mondial à égalité avec la Barbade (262,2 millions de dollars), le Mozambique (253,6 millions de dollars). La part dans le monde était de 0,0062% et de 0,022% dans les Amériques.

La part de la construction dans l'économie du Groenland était de 9,8% dans les années 2010, se classant au 26ème rang mondial.

La construction par habitant au Groenland était de 4600.5 dollars dans les années 2010, se situant au 7ème rang mondial, à égalité avec l'Australie (4 645,0 de dollars), la Norvège (4 669,6 de dollars). La construction par habitant au Groenland était 8,0 fois supérieure la construction par habitant au Monde (572,1 US$), et 3,9 fois supérieure la construction par habitant dans les Amériques (1 189,0 US$).

La croissance de la construction au Groenland était de 5.1% dans les années 2010, se classant au 70ème rang mondial, à égalité avec l'Afrique du Nord (5,0%), le Népal (5,1%), l'Érythrée (5,1%). La croissance de la construction au Groenland (5,1%) a été supérieure à celle du monde (2,9%), et supérieure à celle des Amériques (1,3%).

Comparaison avec les voisins. La valeur ajoutée de la construction au Groenland était 478,3 fois inférieure à celle du Canada (124,3 milliards de dollars) et 4,0 fois inférieure à celle de l'Islande (1,0 milliards de dollars). La construction par habitant au Groenland était 32,5% supérieure à celle du Canada (3 470,8 de dollars) et 46,9% supérieure à celle de l'Islande (3 132,1 de dollars). La croissance de la construction au Groenland était supérieure à celle du Canada (2,5%); mais inférieure à celle de l'Islande (5,9%).

Comparaison avec les leaders. Le secteur de la construction au Groenland était 2 812,9 fois inférieur à celui de la Chine (731,1 milliards de dollars), 2 619,3 fois inférieur à celui des États-Unis (680,8 milliards de dollars), 1 072,1 fois inférieur à celui du Japon (278,7 milliards de dollars), 646,7 fois inférieur à celui de l'Inde (168,1 milliards de dollars) et 589,5 fois inférieur à celui de l'Allemagne (153,2 milliards de dollars). La construction par habitant au Groenland était 2,1 fois supérieure à celle du Japon (2 178,3 de dollars), 2,2 fois supérieure à celle des États-Unis (2 130,9 de dollars), 2,5 fois supérieure à celle de l'Allemagne (1 871,9 de dollars), 8,8 fois supérieure à celle de la Chine (521,3 de dollars) et 35,6 fois supérieure à celle de l'Inde (129,1 de dollars). La croissance de la construction au Groenland était supérieure à celle de l'Allemagne (1,8%), du Japon (1,7%) et des États-Unis (1,4%); mais inférieure à celle de la Chine (8,2%) et de l'Inde (5,2%).

Chapitre VII. Transport

Transport et stockage (ISIC I)

Le transport du Groenland est passé de 28,4 millions de dollars par an dans les années 1970 à 327,6 millions de dollars par an dans les années 2010, c'est-à-dire 299,2 millions de dollars ou de 11,5 fois. La variation a été de 239,6 millions de dollars en raison de l'augmentation de 3,7 fois des prix, et de 55,1 millions de dollars en raison de la croissance de productivité de 2,7 fois, et de 4,5 millions de dollars en raison de la croissance démographique. La croissance annuelle moyenne du transport était de 3,1%. La valeur minimale était de 9,5 millions de dollars en 1970. La valeur maximale était de 356,9 millions de dollars en 2018.

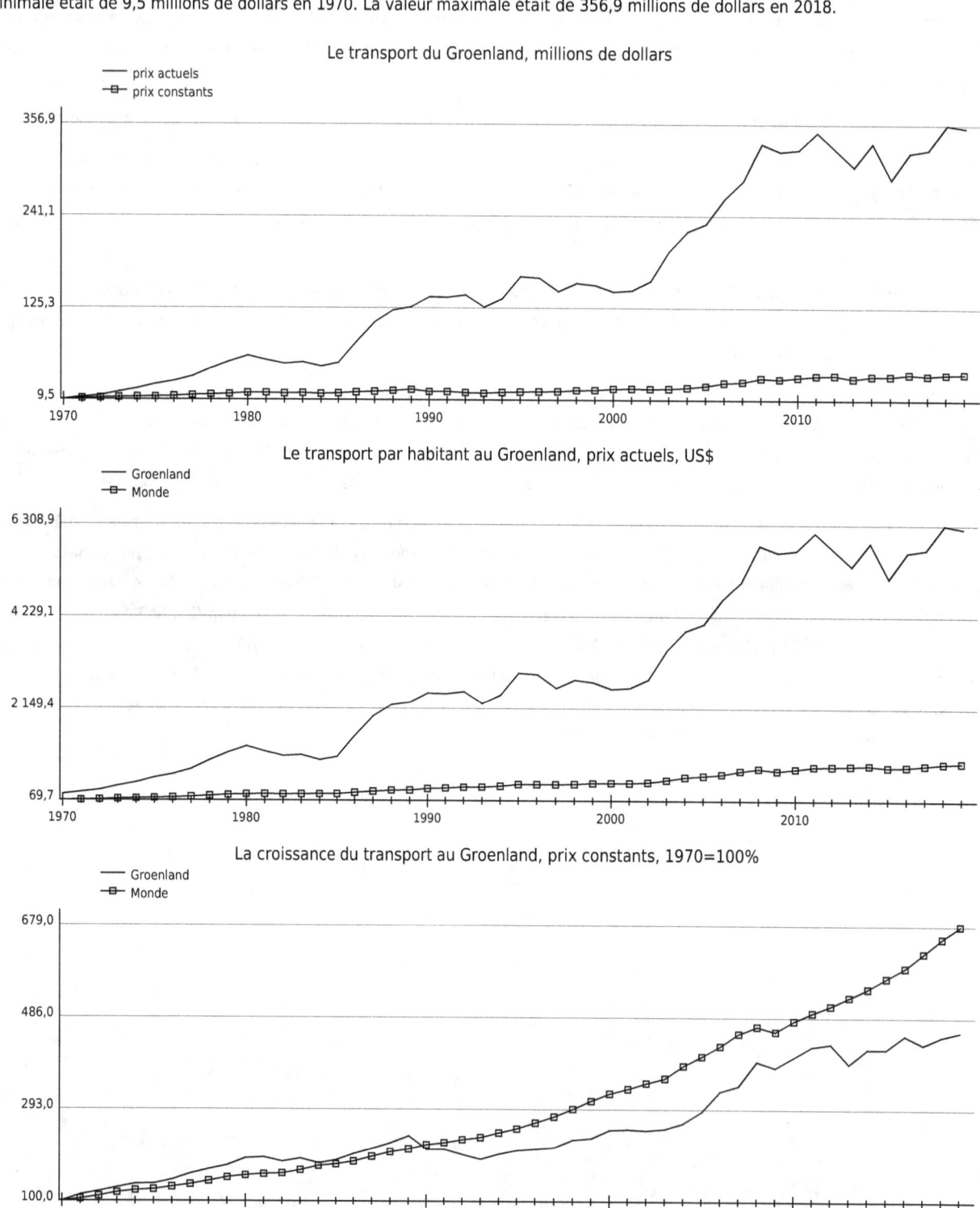

Chapitre VII. Transport

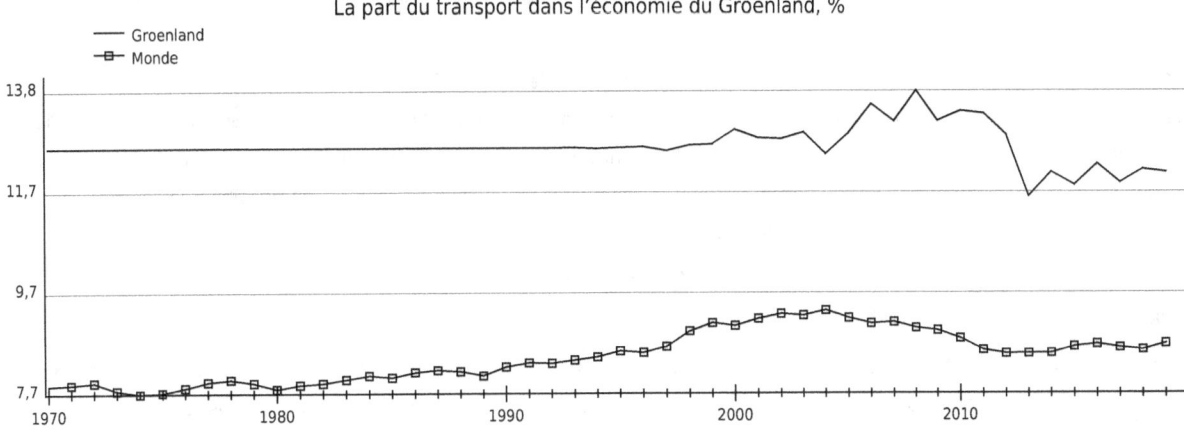

Les années 1970

Le secteur du transport au Groenland était de 28,4 millions de dollars par an dans les années 1970, au 132ème rang mondial. La part dans le monde était de 0,0057% et de 0,014% dans les Amériques.

La part du transport dans l'économie du Groenland était de 12,6% dans les années 1970, se situant au 9ème rang mondial, à égalité avec l'Islande (12,5%).

Le transport par habitant au Groenland était de 581.4 dollars dans les années 1970, se situant au 12ème rang mondial. Le transport par habitant au Groenland était 4,8 fois supérieur le transport par habitant au Monde (122,3 US$), et 61,1% supérieur le transport par habitant dans les Amériques (360,9 US$).

La croissance du transport au Groenland était de 6.4% dans les années 1970, au 74ème rang mondial. La croissance du transport au Groenland (6,4%) a été supérieure à celle du monde (4,6%), et supérieure à celle des Amériques (4,9%).

Comparaison avec les voisins. La valeur ajoutée du transport au Groenland était inférieure à celle du Canada (12,7 milliards de dollars) et de l'Islande (167,8 millions de dollars). Le transport par habitant au Groenland était supérieur à celui du Canada (557,0 de dollars); mais inférieur à celui de l'Islande (776,6 de dollars). La croissance du transport au Groenland était supérieure à celle de l'Islande (5,8%) et du Canada (5,7%).

Comparaison avec les leaders. Le secteur du transport au Groenland était inférieur à celui des États-Unis (168,6 milliards de dollars), du Japon (46,4 milliards de dollars), de l'Allemagne (29,6 milliards de dollars), de l'URSS (28,8 milliards de dollars) et de la France (24,0 milliards de dollars). Le transport par habitant au Groenland était supérieur à celui de la France (447,4 de dollars), du Japon (416,6 de dollars), de l'Allemagne (376,1 de dollars) et de l'URSS (114,0 de dollars); mais inférieur à celui des États-Unis (772,4 de dollars). La croissance du transport au Groenland était supérieure à celle des États-Unis (4,2%), de la France (4,1%), de l'Allemagne (3,0%) et du Japon (1,7%); mais inférieure à celle de l'URSS (8,1%).

Les années 1980

La valeur ajoutée du transport au Groenland était de 78,2 millions de dollars par an dans les années 1980, au 126ème rang mondial à égalité avec le Mali (79,0 millions de dollars). La part dans le monde était de 0,0067% et de 0,017% dans les Amériques.

La part du transport dans l'économie du Groenland était de 12,6% dans les années 1980, se classant au 16ème rang mondial, à égalité avec l'Afrique de l'Ouest (12,7%), Sainte-Lucie (12,7%).

Le transport par habitant au Groenland était de 1481.2 dollars dans les années 1980, se situant au 10ème rang mondial, à égalité avec les Émirats arabes unis (1 462,8 de dollars). Le transport par habitant au Groenland était 6,1 fois supérieur le transport par habitant au Monde (242,0 US$), et 2,1 fois supérieur le transport par habitant dans les Amériques (714,8 US$).

La croissance du transport au Groenland était de 3.1% dans les années 1980, se situant au 112ème rang mondial, à égalité avec l'Europe du Nord (3,0%). La croissance du transport au Groenland (3,1%) a été inférieure à celle du monde (3,4%), et inférieure à celle des Amériques (3,5%).

Comparaison avec les voisins. Le secteur du transport au Groenland était inférieur à celui du Canada (28,1 milliards de dollars) et de l'Islande (380,5 millions de dollars). Le transport par habitant au Groenland était supérieur à celui du Canada (1 092,1 de dollars); mais inférieur à celui de l'Islande (1 583,9 de dollars). La croissance du transport au Groenland était inférieure à celle du Canada (3,4%) et de l'Islande (3,1%).

Comparaison avec les leaders. La valeur ajoutée du transport au Groenland était inférieure à celle des États-Unis (394,9 milliards de dollars), du Japon (147,7 milliards de dollars), de l'Allemagne (56,6 milliards de dollars), de la France (56,2 milliards de dollars) et du Royaume-Uni (53,0 milliards de dollars). Le transport par habitant au Groenland était supérieur à celui du Japon (1 217,8 de dollars), de la France (993,7 de dollars), du Royaume-Uni (938,7 de dollars) et de l'Allemagne (725,5 de dollars); mais inférieur à celui des États-Unis (1 649,2 de dollars). La croissance du transport au Groenland était supérieure à celle du Royaume-Uni (3,0%) et de l'Allemagne (1,8%); mais inférieure à celle de la France (5,4%), du Japon (4,7%) et des États-Unis (3,6%).

Les années 1990

Le transport du Groenland était de 146,6 millions de dollars par an dans les années 1990, se classant au 142ème rang mondial à égalité avec le Tchad (143,5 millions de dollars). La part dans le monde était de 0,0063% et de 0,017% dans les Amériques.

La part du transport dans l'économie du Groenland était de 12,6% dans les années 1990, se situant au 17ème rang mondial, à égalité avec la république démocratique du Congo (12,7%), l'Estonie (12,6%), la Tanzanie (12,6%).

Le transport par habitant au Groenland était de 2625 dollars dans les années 1990, se classant au 14ème rang mondial, à égalité avec l'Islande (2 625,6 de dollars), le Danemark (2 640,6 de dollars), Singapour (2 645,9 de dollars). Le transport par habitant au Groenland était 6,4 fois supérieur le transport par habitant au Monde (409,5 US$), et 2,4 fois supérieur le transport par habitant dans les Amériques (1 104,4 US$).

La croissance du transport au Groenland était de -0.2% dans les années 1990, au 176ème rang mondial. La croissance du transport au Groenland (-0,18%) a été inférieure à celle du monde (4,0%), et inférieure à celle des Amériques (4,7%).

Comparaison avec les voisins. Le transport du Groenland était inférieur à celui du Canada (43,0 milliards de dollars) et de l'Islande (699,5 millions de dollars). Le transport par habitant au Groenland était supérieur à celui du Canada (1 483,7 de dollars); mais inférieur à celui de l'Islande (2 625,6 de dollars). La croissance du transport au Groenland était inférieure à celle de l'Islande (6,0%) et du Canada (3,5%).

Comparaison avec les leaders. La valeur du transport au Groenland était inférieure à celle des États-Unis (702,6 milliards de dollars), du Japon (373,9 milliards de dollars), de l'Allemagne (144,3 milliards de dollars), de la France (118,7 milliards de dollars) et du Royaume-Uni (117,6 milliards de dollars). Le transport par habitant au Groenland était supérieur à celui du Royaume-Uni (2 031,3 de dollars), de la France (1 999,2 de dollars) et de l'Allemagne (1 789,0 de dollars); mais inférieur à celui du Japon (2 965,8 de dollars) et des États-Unis (2 656,9 de dollars). La croissance du transport au Groenland était inférieure à celle des États-Unis (5,0%), de la France (4,8%), du Royaume-Uni (4,7%), de l'Allemagne (3,9%) et du Japon (3,0%).

Les années 2000

La valeur du transport au Groenland était de 230,5 millions de dollars par an dans les années 2000, se situant au 151ème rang mondial à égalité avec les Îles Caïmans (234,1 millions de dollars). La part dans le monde était de 0,0057% et de 0,016% dans les Amériques.

La part du transport dans l'économie du Groenland était de 13,1% dans les années 2000, au 18ème rang mondial, à égalité avec les Fidji (13,0%), d'Haïti (13,0%), le Pakistan (13,0%).

Le transport par habitant au Groenland était de 4066.1 dollars dans les années 2000, se classant au 10ème rang mondial, à égalité avec les États-Unis (4 029,0 de dollars), l'Islande (3 982,8 de dollars). Le transport par habitant au Groenland était 6,5 fois supérieur le transport par habitant au Monde (621,1 US$), et 2,4 fois supérieur le transport par habitant dans les Amériques (1 687,7 US$).

La croissance du transport au Groenland était de 5.1% dans les années 2000, au 106ème rang mondial, à égalité avec le Cap-Vert (5,0%), le Belize (5,1%). La croissance du transport au Groenland (5,1%) a été supérieure à celle du monde (3,9%), et supérieure à celle des Amériques (3,2%).

Comparaison avec les voisins. Le transport du Groenland était inférieur à celui du Canada (78,6 milliards de dollars) et de l'Islande (1,2 milliards de dollars). Le transport par habitant au Groenland était supérieur à celui de l'Islande (3 982,8 de dollars) et du Canada (2 451,7 de dollars). La croissance du transport au Groenland était supérieure à celle du Canada (2,5%) et de l'Islande (2,0%).

Comparaison avec les leaders. Le transport du Groenland était inférieur à celui des États-Unis (1,2 billions de dollars), du Japon (468,5

Chapitre VII. Transport

milliards de dollars), de l'Allemagne (228,2 milliards de dollars), du Royaume-Uni (215,9 milliards de dollars) et de la France (185,6 milliards de dollars). Le transport par habitant au Groenland était supérieur à celui des États-Unis (4 029,0 de dollars), du Japon (3 655,1 de dollars), du Royaume-Uni (3 572,9 de dollars), de la France (2 955,1 de dollars) et de l'Allemagne (2 803,7 de dollars). La croissance du transport au Groenland était supérieure à celle de l'Allemagne (3,4%), du Royaume-Uni (3,1%), des États-Unis (3,1%), de la France (2,7%) et du Japon (1,5%).

Les années 2010

Le transport du Groenland était de 327,6 millions de dollars par an dans les années 2010, se classant au 164ème rang mondial à égalité avec Curaçao (325,6 millions de dollars), les Bermudes (330,9 millions de dollars). La part dans le monde était de 0,0052% et de 0,014% dans les Amériques.

La part du transport dans l'économie du Groenland était de 12,3% dans les années 2010, se situant au 25ème rang mondial, à égalité avec Chypre (12,4%), l'Érythrée (12,3%), la Barbade (12,4%).

Le transport par habitant au Groenland était de 5798.6 dollars dans les années 2010, se classant au 8ème rang mondial, à égalité avec Singapour (5 938,4 de dollars). Le transport par habitant au Groenland était 6,7 fois supérieur le transport par habitant au Monde (864,8 US$), et 2,4 fois supérieur le transport par habitant dans les Amériques (2 381,9 US$).

La croissance du transport au Groenland était de 1.8% dans les années 2010, au 170ème rang mondial, à égalité avec la république du Congo (1,8%). La croissance du transport au Groenland (1,8%) a été inférieure à celle du monde (4,0%), et inférieure à celle des Amériques (4,7%).

Comparaison avec les voisins. Le secteur du transport au Groenland était 365,1 fois inférieur à celui du Canada (119,6 milliards de dollars) et 5,5 fois inférieur à celui de l'Islande (1,8 milliards de dollars). Le transport par habitant au Groenland était 5,5% supérieur à celui de l'Islande (5 495,2 de dollars) et 73,6% supérieur à celui du Canada (3 339,4 de dollars). La croissance du transport au Groenland était inférieure à celle de l'Islande (5,9%) et du Canada (2,8%).

Comparaison avec les leaders. La valeur ajoutée du transport au Groenland était 5 459,2 fois inférieure à celle des États-Unis (1,8 billions de dollars), 1 617,3 fois inférieure à celle du Japon (529,8 milliards de dollars), 1 417,1 fois inférieure à celle de la Chine (464,2 milliards de dollars), 915,8 fois inférieure à celle de l'Allemagne (300,0 milliards de dollars) et 786,8 fois inférieure à celle du Royaume-Uni (257,7 milliards de dollars). Le transport par habitant au Groenland était 3,6% supérieur à celui des États-Unis (5 597,8 de dollars), 40,0% supérieur à celui du Japon (4 141,7 de dollars), 47,6% supérieur à celui du Royaume-Uni (3 929,2 de dollars), 58,2% supérieur à celui de l'Allemagne (3 665,2 de dollars) et 17,5 fois supérieur à celui de la Chine (331,0 de dollars). La croissance du transport au Groenland était supérieure à celle du Japon (0,81%); mais inférieure à celle de la Chine (7,5%), des États-Unis (5,1%), du Royaume-Uni (2,8%) et de l'Allemagne (2,7%).

Chapitre VIII. Commerce

Commerce de gros et de détail; restaurants et hôtels (ISIC G-H)

Le secteur du commerce au Groenland est passé de 25,8 millions de dollars par an dans les années 1970 à 275,9 millions de dollars par an dans les années 2010, c'est-à-dire 250,1 millions de dollars ou de 10,7 fois. La variation a été de 226,8 millions de dollars en raison de l'augmentation de 5,6 fois des prix, et de 19,2 millions de dollars en raison de la croissance de productivité de 1,6 fois, et de 4,0 millions de dollars en raison de la croissance démographique. La croissance annuelle moyenne du commerce était de 2,0%. La valeur minimale était de 8,6 millions de dollars en 1970. La valeur maximale était de 333,4 millions de dollars en 2018.

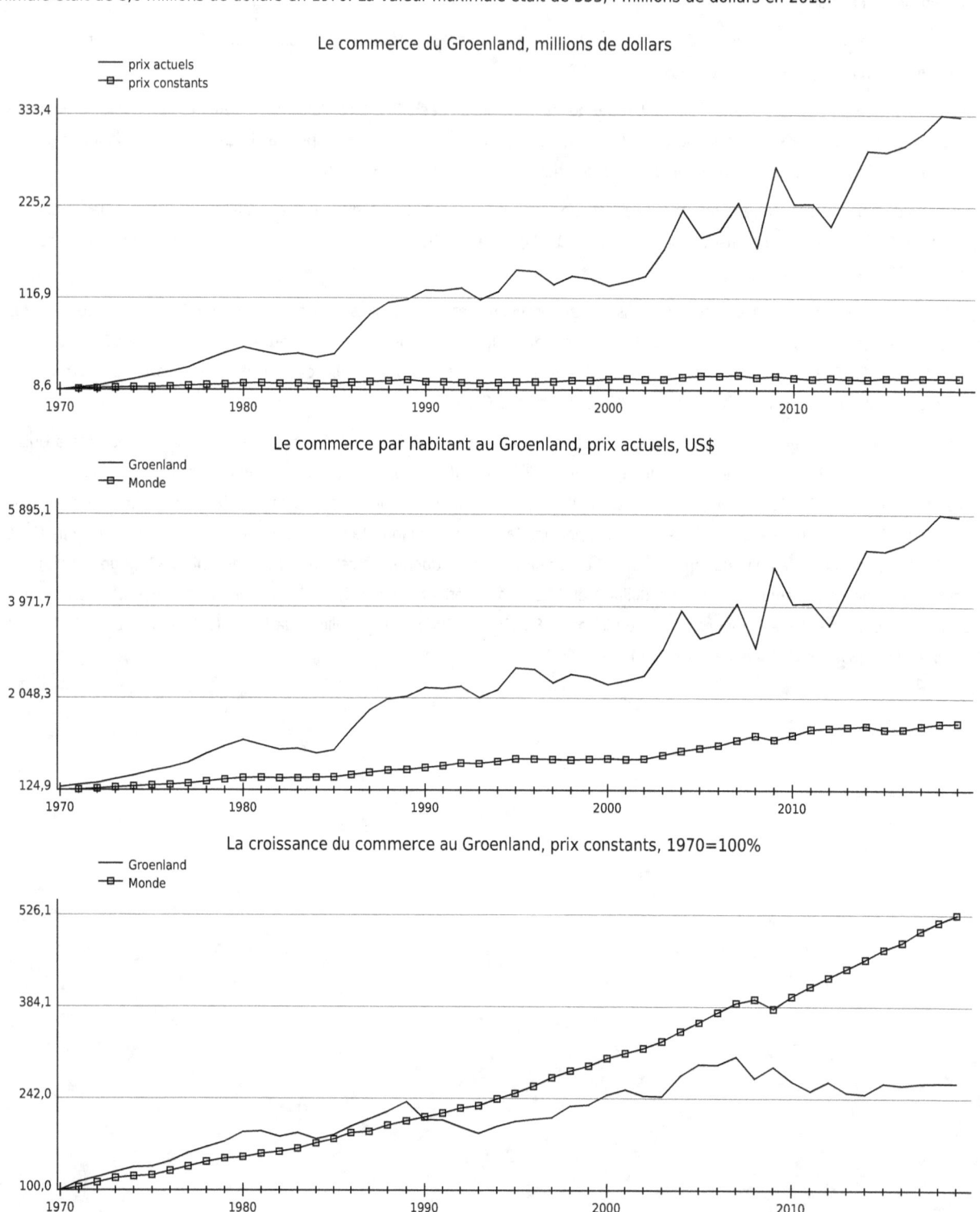

Chapitre VIII. Commerce

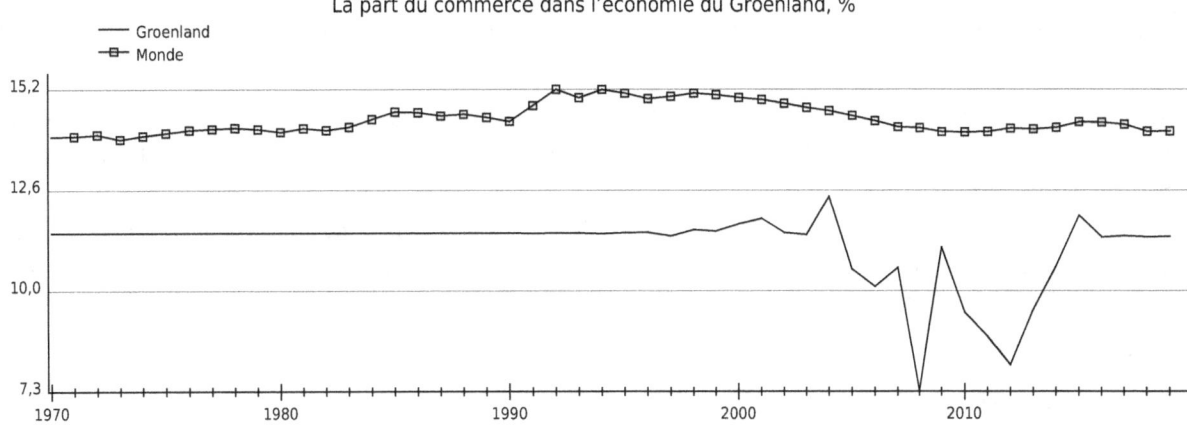

Les années 1970

La valeur ajoutée du commerce au Groenland était de 25,8 millions de dollars par an dans les années 1970, au 152ème rang mondial. La part dans le monde était de 0,0029% et de 0,0070% dans les Amériques.

La part du commerce dans l'économie du Groenland était de 11,5% dans les années 1970, se situant au 136ème rang mondial, à égalité avec la Dominique (11,5%), le Viêt Nam (11,5%), l'Australasie (11,4%).

Le commerce par habitant au Groenland était de 528.3 dollars dans les années 1970, au 38ème rang mondial. Le commerce par habitant au Groenland était 2,4 fois supérieur le commerce par habitant au Monde (221,0 US$), et 19,3% inférieur le commerce par habitant dans les Amériques (654,8 US$).

La croissance du commerce au Groenland était de 6.4% dans les années 1970, se situant au 59ème rang mondial, à égalité avec Sainte-Lucie (6,4%), le Soudan (6,5%). La croissance du commerce au Groenland (6,4%) a été supérieure à celle du monde (4,5%), et supérieure à celle des Amériques (4,4%).

Comparaison avec les voisins. Le commerce du Groenland était inférieur à celui du Canada (21,5 milliards de dollars) et de l'Islande (137,6 millions de dollars). Le commerce par habitant au Groenland était inférieur à celui du Canada (942,3 de dollars) et de l'Islande (636,6 de dollars). La croissance du commerce au Groenland était supérieure à celle du Canada (5,1%) et de l'Islande (4,5%).

Comparaison avec les leaders. Le secteur du commerce au Groenland était inférieur à celui des États-Unis (278,3 milliards de dollars), du Japon (90,3 milliards de dollars), de l'URSS (62,3 milliards de dollars), de l'Allemagne (61,1 milliards de dollars) et de la France (40,9 milliards de dollars). Le commerce par habitant au Groenland était supérieur à celui de l'URSS (247,1 de dollars); mais inférieur à celui des États-Unis (1 275,1 de dollars), du Japon (811,1 de dollars), de l'Allemagne (775,5 de dollars) et de la France (762,4 de dollars). La croissance du commerce au Groenland était supérieure à celle de l'URSS (5,2%), de la France (3,9%), des États-Unis (3,9%) et de l'Allemagne (3,0%); mais inférieure à celle du Japon (8,2%).

Les années 1980

La valeur du commerce au Groenland était de 71,0 millions de dollars par an dans les années 1980, se situant au 152ème rang mondial à égalité avec Sainte-Lucie (70,1 millions de dollars), le Liberia (69,5 millions de dollars). La part dans le monde était de 0,0034% et de 0,0085% dans les Amériques.

La part du commerce dans l'économie du Groenland était de 11,5% dans les années 1980, au 140ème rang mondial, à égalité avec la Suède (11,5%), le Mozambique (11,4%).

Le commerce par habitant au Groenland était de 1346 dollars dans les années 1980, au 34ème rang mondial, à égalité avec la Belgique (1 355,0 de dollars). Le commerce par habitant au Groenland était 3,1 fois supérieur le commerce par habitant au Monde (437,7 US$), et 6,2% supérieur le commerce par habitant dans les Amériques (1 268,0 US$).

La croissance du commerce au Groenland était de 3.1% dans les années 1980, au 83ème rang mondial, à égalité avec le Botswana (3,0%), les Palaos (3,1%), Cuba (3,1%). La croissance du commerce au Groenland (3,1%) a été inférieure à celle du monde (3,3%), et inférieure à celle des Amériques (3,5%).

Comparaison avec les voisins. Le commerce du Groenland était inférieur à celui du Canada (50,0 milliards de dollars) et de l'Islande

(419,0 millions de dollars). Le commerce par habitant au Groenland était inférieur à celui du Canada (1 944,8 de dollars) et de l'Islande (1 744,3 de dollars). La croissance du commerce au Groenland était inférieure à celle du Canada (3,6%) et de l'Islande (3,4%).

Comparaison avec les leaders. La valeur du commerce au Groenland était inférieure à celle des États-Unis (653,3 milliards de dollars), du Japon (277,3 milliards de dollars), de l'Allemagne (116,7 milliards de dollars), de l'URSS (112,3 milliards de dollars) et de l'Italie (95,7 milliards de dollars). Le commerce par habitant au Groenland était supérieur à celui de l'URSS (408,1 de dollars); mais inférieur à celui des États-Unis (2 728,2 de dollars), du Japon (2 286,5 de dollars), de l'Italie (1 684,2 de dollars) et de l'Allemagne (1 496,0 de dollars). La croissance du commerce au Groenland était supérieure à celle de l'Italie (2,3%), de l'Allemagne (1,8%) et de l'URSS (-0,62%); mais inférieure à celle du Japon (4,9%) et des États-Unis (4,4%).

Les années 1990

La valeur du commerce au Groenland était de 133,2 millions de dollars par an dans les années 1990, au 169ème rang mondial à égalité avec le Rwanda (135,7 millions de dollars), le Turkménistan (136,3 millions de dollars). La part dans le monde était de 0,0032% et de 0,0089% dans les Amériques.

La part du commerce dans l'économie du Groenland était de 11,5% dans les années 1990, se situant au 154ème rang mondial, à égalité avec la Hongrie (11,5%), le Liban (11,5%), les Fidji (11,4%).

Le commerce par habitant au Groenland était de 2385.6 dollars dans les années 1990, se situant au 37ème rang mondial, à égalité avec l'Irlande (2 382,0 de dollars), l'Europe du Sud (2 370,9 de dollars), la Finlande (2 358,9 de dollars). Le commerce par habitant au Groenland était 3,3 fois supérieur le commerce par habitant au Monde (721,8 US$), et 22,8% supérieur le commerce par habitant dans les Amériques (1 943,2 US$).

La croissance du commerce au Groenland était de -0.2% dans les années 1990, se classant au 168ème rang mondial. La croissance du commerce au Groenland (-0,19%) a été inférieure à celle du monde (3,5%), et inférieure à celle des Amériques (3,8%).

Comparaison avec les voisins. La valeur ajoutée du commerce au Groenland était inférieure à celle du Canada (76,5 milliards de dollars) et de l'Islande (879,3 millions de dollars). Le commerce par habitant au Groenland était inférieur à celui de l'Islande (3 300,3 de dollars) et du Canada (2 639,9 de dollars). La croissance du commerce au Groenland était inférieure à celle de l'Islande (3,6%) et du Canada (2,4%).

Comparaison avec les leaders. Le commerce du Groenland était inférieur à celui des États-Unis (1,2 billions de dollars), du Japon (713,2 milliards de dollars), de l'Allemagne (243,7 milliards de dollars), de l'Italie (185,6 milliards de dollars) et de la France (177,0 milliards de dollars). Le commerce par habitant au Groenland était inférieur à celui du Japon (5 656,5 de dollars), des États-Unis (4 395,6 de dollars), de l'Italie (3 255,0 de dollars), de l'Allemagne (3 021,8 de dollars) et de la France (2 980,3 de dollars). La croissance du commerce au Groenland était inférieure à celle des États-Unis (4,3%), du Japon (3,8%), de l'Allemagne (2,5%), de la France (2,4%) et de l'Italie (1,9%).

Les années 2000

La valeur ajoutée du commerce au Groenland était de 186,8 millions de dollars par an dans les années 2000, se classant au 175ème rang mondial à égalité avec la République centrafricaine (188,2 millions de dollars), les Îles Turks-et-Caïcos (184,5 millions de dollars). La part dans le monde était de 0,0029% et de 0,0077% dans les Amériques.

La part du commerce dans l'économie du Groenland était de 10,6% dans les années 2000, au 180ème rang mondial, à égalité avec la Somalie (10,6%), les Îles Caïmans (10,7%), Porto Rico (10,7%).

Le commerce par habitant au Groenland était de 3294.2 dollars dans les années 2000, se classant au 40ème rang mondial, à égalité avec d'Antigua-et-Barbuda (3 294,3 de dollars). Le commerce par habitant au Groenland était 3,3 fois supérieur le commerce par habitant au Monde (990,3 US$), et 18,9% supérieur le commerce par habitant dans les Amériques (2 770,2 US$).

La croissance du commerce au Groenland était de 2.3% dans les années 2000, se situant au 142ème rang mondial, à égalité avec les Fidji (2,3%). La croissance du commerce au Groenland (2,3%) a été inférieure à celle du monde (2,7%), et supérieure à celle des Amériques (1,6%).

Comparaison avec les voisins. Le commerce du Groenland était inférieur à celui du Canada (129,8 milliards de dollars) et de l'Islande (1,4 milliards de dollars). Le commerce par habitant au Groenland était inférieur à celui de l'Islande (4 685,8 de dollars) et du Canada

Chapitre VIII. Commerce

(4 048,4 de dollars). La croissance du commerce au Groenland était supérieure à celle de l'Islande (1,5%); mais inférieure à celle du Canada (2,9%).

Comparaison avec les leaders. La valeur ajoutée du commerce au Groenland était inférieure à celle des États-Unis (1,9 billions de dollars), du Japon (771,8 milliards de dollars), de l'Allemagne (296,0 milliards de dollars), du Royaume-Uni (293,5 milliards de dollars) et de la Chine (262,0 milliards de dollars). Le commerce par habitant au Groenland était supérieur à celui de la Chine (197,5 de dollars); mais inférieur à celui des États-Unis (6 383,1 de dollars), du Japon (6 021,3 de dollars), du Royaume-Uni (4 856,7 de dollars) et de l'Allemagne (3 637,0 de dollars). La croissance du commerce au Groenland était supérieure à celle de l'Allemagne (1,7%), du Royaume-Uni (1,3%), des États-Unis (1,1%) et du Japon (-0,77%); mais inférieure à celle de la Chine (11,9%).

Les années 2010

La valeur du commerce au Groenland était de 275,9 millions de dollars par an dans les années 2010, au 180ème rang mondial. La part dans le monde était de 0,0026% et de 0,0074% dans les Amériques.

La part du commerce dans l'économie du Groenland était de 10,4% dans les années 2010, se classant au 183ème rang mondial.

Le commerce par habitant au Groenland était de 4882.9 dollars dans les années 2010, se situant au 35ème rang mondial, à égalité avec l'Espagne (4 900,4 de dollars), d'Anguilla (4 983,3 de dollars). Le commerce par habitant au Groenland était 3,4 fois supérieur le commerce par habitant au Monde (1 436,8 US$), et 28,4% supérieur le commerce par habitant dans les Amériques (3 802,7 US$).

La croissance du commerce au Groenland était de -0.9% dans les années 2010, au 195ème rang mondial. La croissance du commerce au Groenland (-0,87%) a été inférieure à celle du monde (3,3%), et inférieure à celle des Amériques (2,1%).

Comparaison avec les voisins. La valeur du commerce au Groenland était 724,2 fois inférieure à celle du Canada (199,8 milliards de dollars) et 7,5 fois inférieure à celle de l'Islande (2,1 milliards de dollars). Le commerce par habitant au Groenland était 22,1% inférieur à celui de l'Islande (6 264,8 de dollars) et 12,5% inférieur à celui du Canada (5 577,6 de dollars). La croissance du commerce au Groenland était inférieure à celle de l'Islande (5,3%) et du Canada (2,5%).

Comparaison avec les leaders. La valeur ajoutée du commerce au Groenland était 9 481,0 fois inférieure à celle des États-Unis (2,6 billions de dollars), 4 329,6 fois inférieure à celle de la Chine (1,2 billions de dollars), 3 152,0 fois inférieure à celle du Japon (869,5 milliards de dollars), 1 350,7 fois inférieure à celle de l'Allemagne (372,6 milliards de dollars) et 1 196,2 fois inférieure à celle du Royaume-Uni (330,0 milliards de dollars). Le commerce par habitant au Groenland était 7,3% supérieur à celui de l'Allemagne (4 551,8 de dollars) et 5,7 fois supérieur à celui de la Chine (851,7 de dollars); mais 40,4% inférieur à celui des États-Unis (8 186,4 de dollars), 28,2% inférieur à celui du Japon (6 797,1 de dollars) et 2,9% inférieur à celui du Royaume-Uni (5 030,4 de dollars). La croissance du commerce au Groenland était inférieure à celle de la Chine (8,9%), du Royaume-Uni (2,8%), des États-Unis (2,3%), de l'Allemagne (2,0%) et du Japon (0,77%).

Chapitre IX. Services

(ISIC J-P)

La valeur ajoutée des services au Groenland est passé de 96,7 millions de dollars par an dans les années 1970 à 1,1 milliards de dollars par an dans les années 2010, c'est-à-dire 1,0 milliards de dollars ou de 11,4 fois. La variation a été de 912,9 millions de dollars en raison de l'augmentation de 5,7 fois des prix, et de 81,0 millions de dollars en raison de la croissance de productivité de 1,7 fois, et de 15,2 millions de dollars en raison de la croissance démographique. La croissance annuelle moyenne des services était de 2,1%. La valeur minimale était de 32,2 millions de dollars en 1970. La valeur maximale était de 1,2 milliards de dollars en 2014.

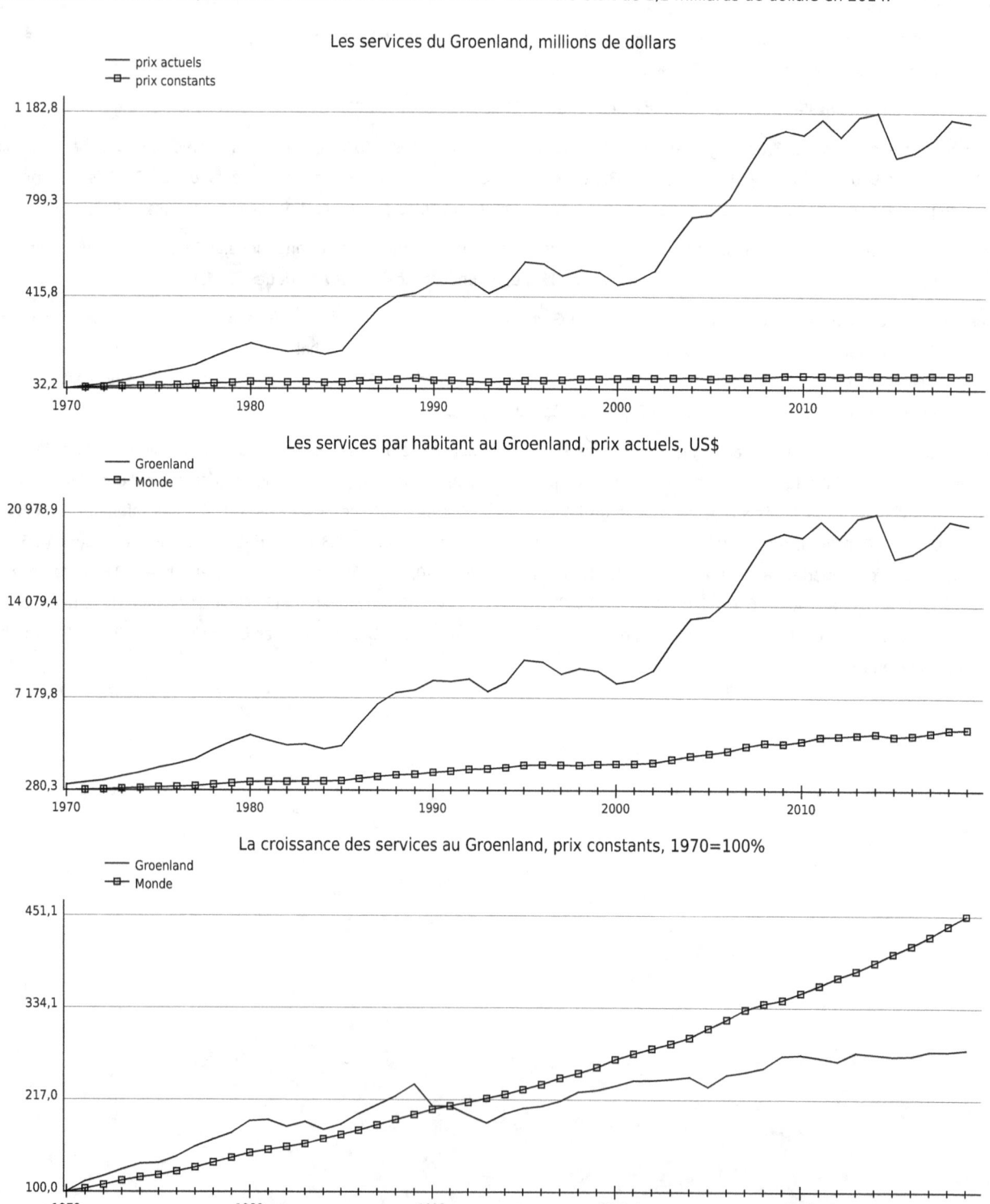

Chapitre IX. Services

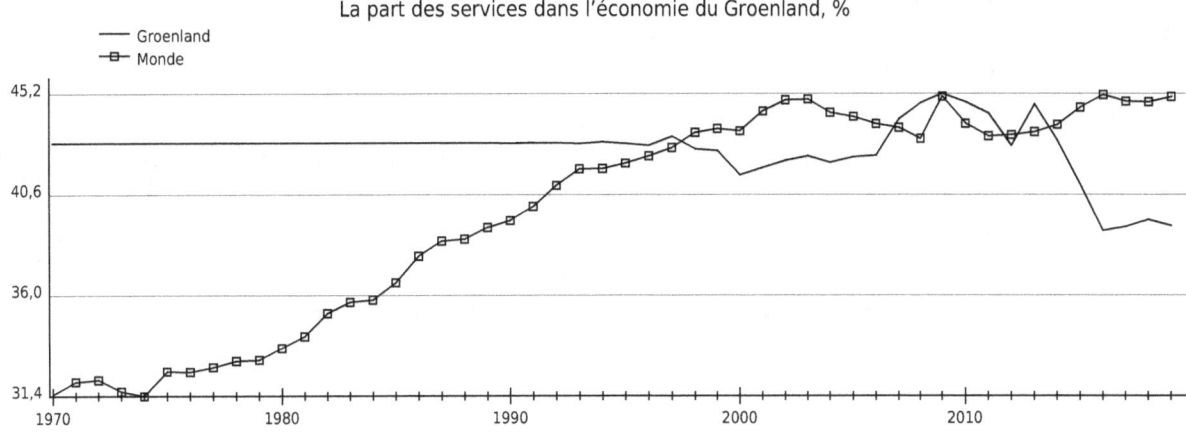

Les années 1970

La valeur ajoutée des services au Groenland était de 96,7 millions de dollars par an dans les années 1970, se situant au 141ème rang mondial à égalité avec le Brunei (96,9 millions de dollars), l'Eswatini (97,7 millions de dollars). La part dans le monde était de 0,0047% et de 0,011% dans les Amériques.

La part des services dans l'économie du Groenland était de 43,0% dans les années 1970, se classant au 18ème rang mondial.

Les services par habitant au Groenland étaient de 1979.4 dollars dans les années 1970, se situant au 22ème rang mondial, à égalité avec la Belgique (1 980,8 de dollars). Les services par habitant au Groenland étaient 3,9 fois supérieures les services par habitant au Monde (506,9 US$), et 31,7% supérieures les services par habitant dans les Amériques (1 502,8 US$).

La croissance des services au Groenland était de 6.4% dans les années 1970, au 67ème rang mondial. La croissance des services au Groenland (6,4%) a été supérieure à celle du monde (4,1%), et supérieure à celle des Amériques (3,7%).

Comparaison avec les voisins. Le secteur des services au Groenland était inférieur à celui du Canada (57,1 milliards de dollars) et de l'Islande (393,3 millions de dollars). Les services par habitant au Groenland étaient supérieures à celles de l'Islande (1 820,1 de dollars); mais inférieures à celles du Canada (2 499,9 de dollars). La croissance des services au Groenland était supérieure à celle de l'Islande (6,3%) et du Canada (4,0%).

Comparaison avec les leaders. La valeur ajoutée des services au Groenland était inférieure à celle des États-Unis (674,4 milliards de dollars), de l'URSS (168,3 milliards de dollars), du Japon (153,8 milliards de dollars), de l'Allemagne (150,2 milliards de dollars) et de la France (121,8 milliards de dollars). Les services par habitant au Groenland étaient supérieures à celles de l'Allemagne (1 907,6 de dollars), du Japon (1 381,3 de dollars) et de l'URSS (667,3 de dollars); mais inférieures à celles des États-Unis (3 090,2 de dollars) et de la France (2 271,8 de dollars). La croissance des services au Groenland était supérieure à celle du Japon (5,9%), de l'Allemagne (4,8%), de la France (3,9%), des États-Unis (3,3%) et de l'URSS (0,90%).

Les années 1980

La valeur des services au Groenland était de 266,2 millions de dollars par an dans les années 1980, se classant au 136ème rang mondial à égalité avec le Liberia (259,9 millions de dollars). La part dans le monde était de 0,0049% et de 0,012% dans les Amériques.

La part des services dans l'économie du Groenland était de 43,0% dans les années 1980, au 27ème rang mondial, à égalité avec Djibouti (43,2%), le Royaume-Uni (42,7%), la Dominique (42,7%).

Les services par habitant au Groenland étaient de 5042.7 dollars dans les années 1980, se situant au 21ème rang mondial, à égalité avec l'Europe de l'Ouest (5 018,9 de dollars), le Japon (5 111,4 de dollars), l'Australasie (4 949,6 de dollars). Les services par habitant au Groenland étaient 4,5 fois supérieures les services par habitant au Monde (1 115,5 US$), et 45,9% supérieures les services par habitant dans les Amériques (3 456,8 US$).

La croissance des services au Groenland était de 3.1% dans les années 1980, au 105ème rang mondial, à égalité avec le Mexique (3,1%), l'Allemagne (3,1%), Djibouti (3,1%). La croissance des services au Groenland (3,1%) a été inférieure à celle du monde (3,3%), et supérieure à celle des Amériques (2,8%).

Comparaison avec les voisins. La valeur ajoutée des services au Groenland était inférieure à celle du Canada (147,0 milliards de dollars) et de l'Islande (1,1 milliards de dollars). Les services par habitant au Groenland étaient supérieures à celles de l'Islande (4 679,4 de dollars); mais inférieures à celles du Canada (5 722,5 de dollars). La croissance des services au Groenland était supérieure à celle du Canada (2,8%); mais inférieure à celle de l'Islande (4,8%).

Comparaison avec les leaders. La valeur ajoutée des services au Groenland était inférieure à celle des États-Unis (1,9 billions de dollars), du Japon (619,9 milliards de dollars), de l'Allemagne (362,2 milliards de dollars), de la France (294,5 milliards de dollars) et du Royaume-Uni (265,4 milliards de dollars). Les services par habitant au Groenland étaient supérieures à celles du Royaume-Uni (4 700,6 de dollars) et de l'Allemagne (4 642,6 de dollars); mais inférieures à celles des États-Unis (7 844,6 de dollars), de la France (5 211,0 de dollars) et du Japon (5 111,4 de dollars). La croissance des services au Groenland était supérieure à celle des États-Unis (2,8%) et de la France (2,3%); mais inférieure à celle du Japon (4,8%), du Royaume-Uni (3,3%) et de l'Allemagne (3,1%).

Les années 1990

La valeur ajoutée des services au Groenland était de 498,1 millions de dollars par an dans les années 1990, se situant au 147ème rang mondial à égalité avec la Moldavie (502,4 millions de dollars), le Bénin (509,7 millions de dollars). La part dans le monde était de 0,0043% et de 0,010% dans les Amériques.

La part des services dans l'économie du Groenland était de 42,9% dans les années 1990, au 42ème rang mondial, à égalité avec Montserrat (43,0%), l'Europe (43,1%), l'Uruguay (43,1%).

Les services par habitant au Groenland étaient de 8919.9 dollars dans les années 1990, au 25ème rang mondial, à égalité avec Macao (8 966,6 de dollars), l'Autriche (9 047,2 de dollars), l'Australie (8 760,8 de dollars). Les services par habitant au Groenland étaient 4,4 fois supérieures les services par habitant au Monde (2 014,6 US$), et 44,5% supérieures les services par habitant dans les Amériques (6 173,1 US$).

La croissance des services au Groenland était de -0.3% dans les années 1990, se classant au 181ème rang mondial, à égalité avec les Îles Marshall (-0,32%). La croissance des services au Groenland (-0,32%) a été inférieure à celle du monde (2,7%), et inférieure à celle des Amériques (2,4%).

Comparaison avec les voisins. Le secteur des services au Groenland était inférieur à celui du Canada (266,4 milliards de dollars) et de l'Islande (2,3 milliards de dollars). Les services par habitant au Groenland étaient supérieures à celles de l'Islande (8 627,9 de dollars); mais inférieures à celles du Canada (9 192,4 de dollars). La croissance des services au Groenland était inférieure à celle de l'Islande (3,5%) et du Canada (2,5%).

Comparaison avec les leaders. Le secteur des services au Groenland était inférieur à celui des États-Unis (3,8 billions de dollars), du Japon (1,6 billions de dollars), de l'Allemagne (908,0 milliards de dollars), de la France (628,2 milliards de dollars) et du Royaume-Uni (592,3 milliards de dollars). Les services par habitant au Groenland étaient inférieures à celles des États-Unis (14 354,4 de dollars), du Japon (12 820,4 de dollars), de l'Allemagne (11 259,5 de dollars), de la France (10 578,2 de dollars) et du Royaume-Uni (10 233,8 de dollars). La croissance des services au Groenland était inférieure à celle de l'Allemagne (3,2%), du Royaume-Uni (3,0%), des États-Unis (2,3%), du Japon (1,7%) et de la France (1,6%).

Les années 2000

Le secteur des services au Groenland était de 759,5 millions de dollars par an dans les années 2000, se classant au 157ème rang mondial à égalité avec le Monténégro (755,4 millions de dollars). La part dans le monde était de 0,0039% et de 0,0092% dans les Amériques.

La part des services dans l'économie du Groenland était de 43,2% dans les années 2000, se classant au 48ème rang mondial, à égalité avec la Dominique (43,1%).

Les services par habitant au Groenland étaient de 13395.8 dollars dans les années 2000, au 29ème rang mondial, à égalité avec Macao (13 641,8 de dollars), l'Autriche (13 728,4 de dollars). Les services par habitant au Groenland étaient 4,4 fois supérieures les services par habitant au Monde (3 011,2 US$), et 42,4% supérieures les services par habitant dans les Amériques (9 407,5 US$).

La croissance des services au Groenland était de 1.8% dans les années 2000, se situant au 178ème rang mondial, à égalité avec la Barbade (1,8%). La croissance des services au Groenland (1,8%) a été inférieure à celle du monde (2,9%), et inférieure à celle des Amériques (2,2%).

Comparaison avec les voisins. Le secteur des services au Groenland était inférieur à celui du Canada (491,7 milliards de dollars) et de

Chapitre IX. Services

l'Islande (5,8 milliards de dollars). Les services par habitant au Groenland étaient inférieures à celles de l'Islande (19 488,3 de dollars) et du Canada (15 334,6 de dollars). La croissance des services au Groenland était inférieure à celle de l'Islande (4,2%) et du Canada (3,0%).

Comparaison avec les leaders. La valeur des services au Groenland était inférieure à celle des États-Unis (6,7 billions de dollars), du Japon (2,0 billions de dollars), de l'Allemagne (1,2 billions de dollars), du Royaume-Uni (1,1 billions de dollars) et de la France (997,0 milliards de dollars). Les services par habitant au Groenland étaient inférieures à celles des États-Unis (22 883,5 de dollars), du Royaume-Uni (18 012,4 de dollars), de la France (15 875,1 de dollars), du Japon (15 302,2 de dollars) et de l'Allemagne (14 979,9 de dollars). La croissance des services au Groenland était supérieure à celle de la France (1,5%), du Japon (1,2%) et de l'Allemagne (0,57%); mais inférieure à celle du Royaume-Uni (2,7%) et des États-Unis (2,0%).

Les années 2010

Le secteur des services au Groenland était de 1,1 milliards de dollars par an dans les années 2010, au 168ème rang mondial à égalité avec le Tadjikistan (1,1 milliards de dollars). La part dans le monde était de 0,0034% et de 0,0086% dans les Amériques.

La part des services dans l'économie du Groenland était de 41,7% dans les années 2010, se situant au 69ème rang mondial, à égalité avec la Corée du Sud (41,8%), Bahreïn (41,6%), la Géorgie (41,6%).

Les services par habitant au Groenland étaient de 19572 dollars dans les années 2010, se classant au 27ème rang mondial, à égalité avec l'Allemagne (19 637,7 de dollars), la Finlande (19 774,2 de dollars), l'Andorre (20 057,6 de dollars). Les services par habitant au Groenland étaient 4,4 fois supérieures les services par habitant au Monde (4 467,8 US$), et 48,4% supérieures les services par habitant dans les Amériques (13 184,6 US$).

La croissance des services au Groenland était de 0.3% dans les années 2010, au 191ème rang mondial. La croissance des services au Groenland (0,29%) a été inférieure à celle du monde (2,7%), et inférieure à celle des Amériques (1,8%).

Comparaison avec les voisins. La valeur ajoutée des services au Groenland était 737,5 fois inférieure à celle du Canada (815,5 milliards de dollars) et 7,5 fois inférieure à celle de l'Islande (8,3 milliards de dollars). Les services par habitant au Groenland étaient 21,8% inférieures à celles de l'Islande (25 037,2 de dollars) et 14,0% inférieures à celles du Canada (22 766,9 de dollars). La croissance des services au Groenland était inférieure à celle du Canada (2,2%) et de l'Islande (1,7%).

Comparaison avec les leaders. Le secteur des services au Groenland était 9 003,0 fois inférieur à celui des États-Unis (10,0 billions de dollars), 3 207,8 fois inférieur à celui de la Chine (3,5 billions de dollars), 2 056,1 fois inférieur à celui du Japon (2,3 billions de dollars), 1 453,7 fois inférieur à celui de l'Allemagne (1,6 billions de dollars) et 1 225,9 fois inférieur à celui du Royaume-Uni (1,4 billions de dollars). Les services par habitant au Groenland étaient 10,1% supérieures à celles du Japon (17 771,8 de dollars) et 7,7 fois supérieures à celles de la Chine (2 529,2 de dollars); mais 37,2% inférieures à celles des États-Unis (31 159,6 de dollars), 5,3% inférieures à celles du Royaume-Uni (20 663,8 de dollars) et 0,33% inférieures à celles de l'Allemagne (19 637,7 de dollars). La croissance des services au Groenland était inférieure à celle de la Chine (8,4%), des États-Unis (1,8%), du Royaume-Uni (1,7%), de l'Allemagne (1,2%) et du Japon (0,99%).

Partie III. Relations extérieures

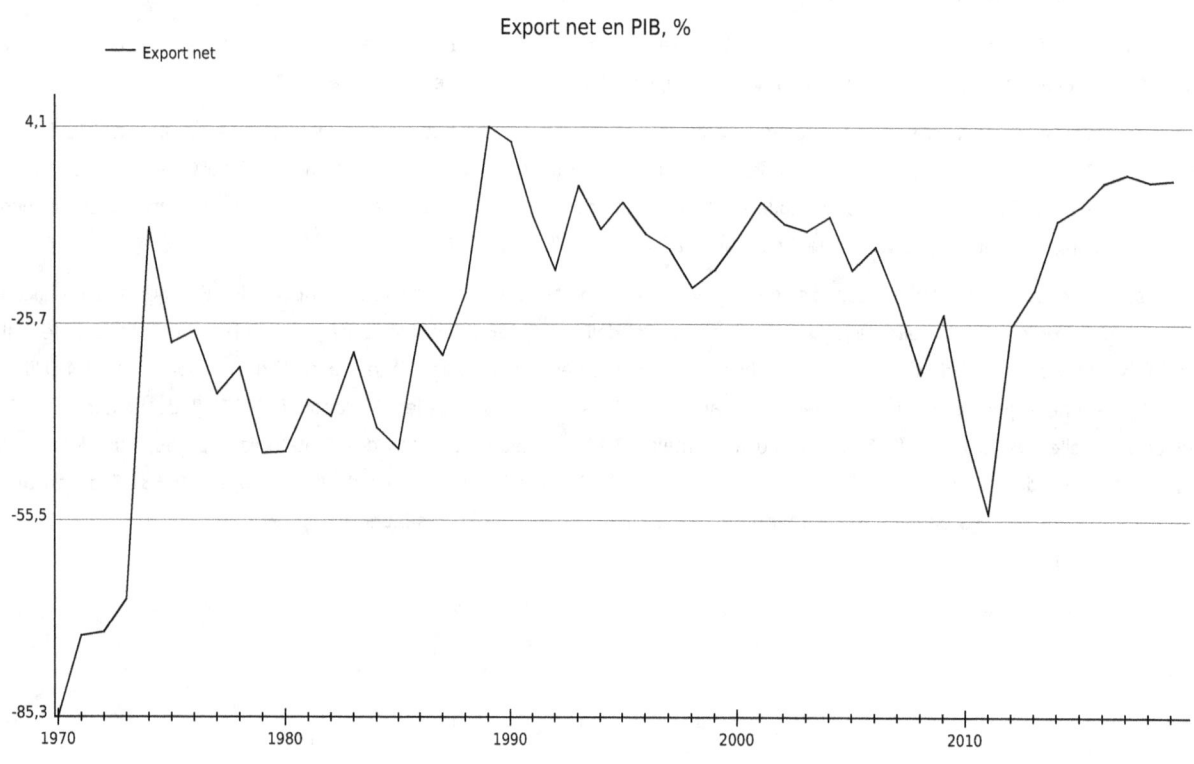

Chapitre X. Exportations

Les exportations du Groenland sont passés de 117,9 millions de dollars par an dans les années 1970 à 1,1 milliards de dollars par an dans les années 2010, c'est-à-dire 945,8 millions de dollars ou de 9,0 fois. La variation a été de 849,5 millions de dollars en raison de l'augmentation de 5,0 fois des prix, et de 77,8 millions de dollars en raison de la croissance du taux par habitant de 1,6 fois, et de 18,5 millions de dollars en raison de la croissance démographique. La croissance annuelle moyenne des exportations était de 3,1%. La valeur minimale était de 23,8 millions de dollars en 1970. La valeur maximale était de 1,2 milliards de dollars en 2018.

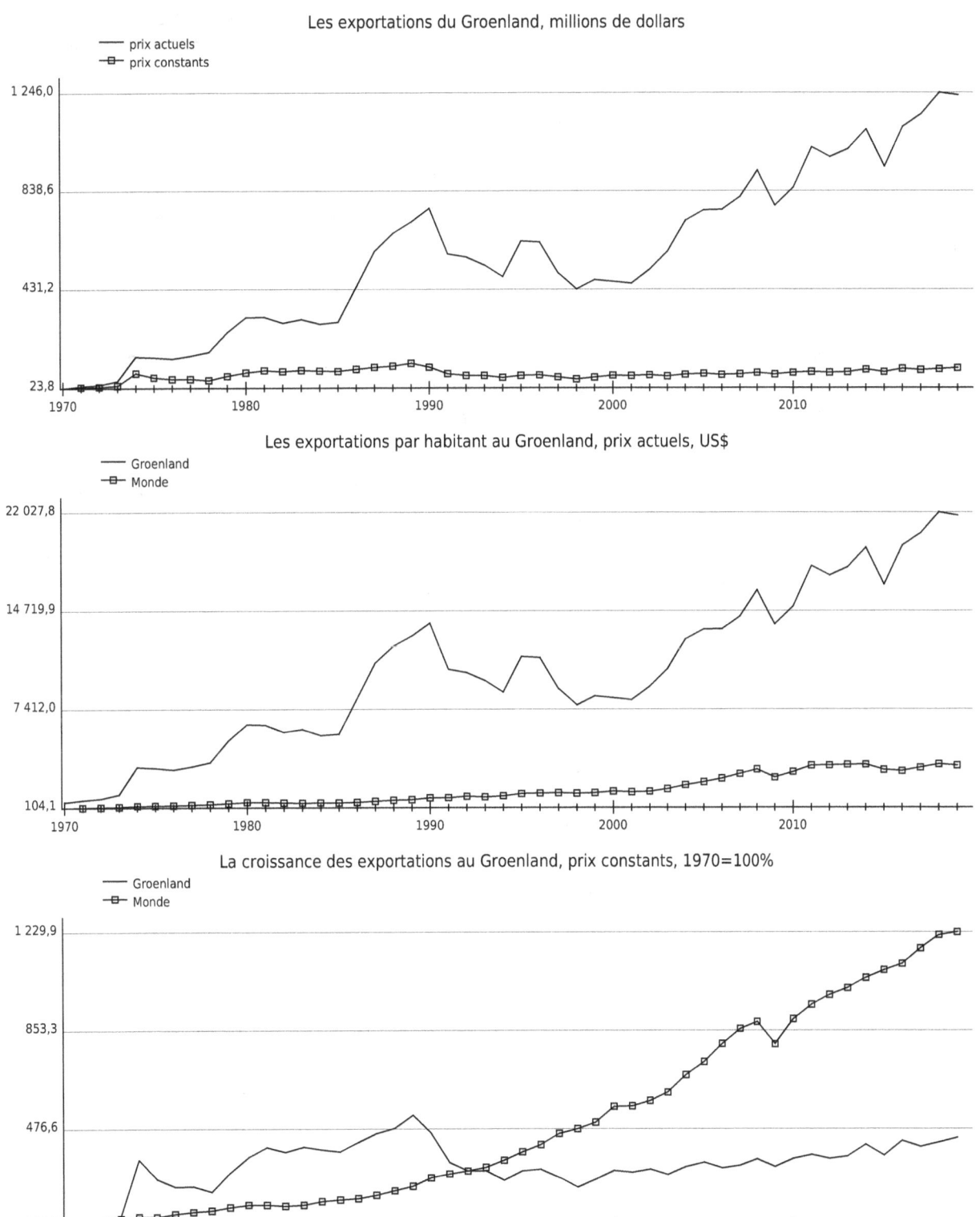

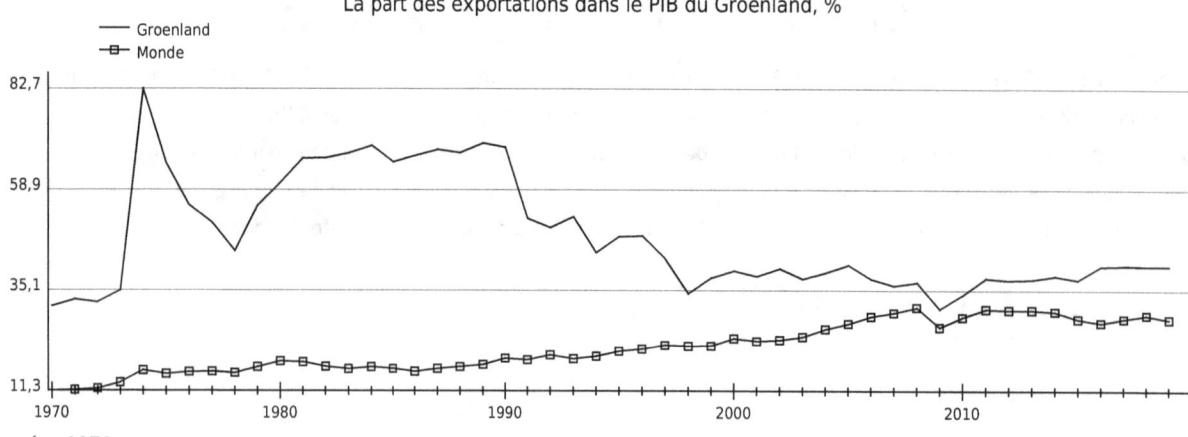

La part des exportations dans le PIB du Groenland, %

Les années 1970

La valeur des exportations au Groenland était de 117,9 millions de dollars par an dans les années 1970, se classant au 139ème rang mondial à égalité avec le Botswana (118,6 millions de dollars). La part dans le monde était de 0,012% et de 0,053% dans les Amériques.

La part des exportations dans le PIB du Groenland était de 51,7% dans les années 1970, se situant au 34ème rang mondial, à égalité avec d'Oman (51,7%), Trinité-et-Tobago (52,2%).

Les exportations par habitant au Groenland étaient de 2413.4 dollars dans les années 1970, se situant au 22ème rang mondial, à égalité avec Nauru (2 357,8 de dollars). Les exportations par habitant au Groenland étaient 10,0 fois supérieures les exportations par habitant au Monde (242,1 US$), et 6,1 fois supérieures les exportations par habitant dans les Amériques (397,2 US$).

La croissance des exportations au Groenland était de 13.3% dans les années 1970, se classant au 14ème rang mondial, à égalité avec le Népal (13,2%), les Îles Vierges britanniques (13,2%), le Lesotho (13,3%). La croissance des exportations au Groenland (13,3%) a été supérieure à celle du monde (6,5%), et supérieure à celle des Amériques (6,4%).

Comparaison avec les voisins. La valeur des exportations au Groenland était inférieure à celle du Canada (38,2 milliards de dollars) et de l'Islande (535,8 millions de dollars). Les exportations par habitant au Groenland étaient supérieures à celles du Canada (1 673,2 de dollars); mais inférieures à celles de l'Islande (2 479,9 de dollars). La croissance des exportations au Groenland était supérieure à celle de l'Islande (6,2%) et du Canada (4,1%).

Comparaison avec les leaders. Les exportations du Groenland étaient inférieures à celles des États-Unis (128,0 milliards de dollars), de l'Allemagne (82,9 milliards de dollars), de la France (64,3 milliards de dollars), du Japon (64,1 milliards de dollars) et du Royaume-Uni (61,3 milliards de dollars). Les exportations par habitant au Groenland étaient supérieures à celles de la France (1 199,1 de dollars), du Royaume-Uni (1 094,1 de dollars), de l'Allemagne (1 052,2 de dollars), des États-Unis (586,5 de dollars) et du Japon (575,8 de dollars). La croissance des exportations au Groenland était supérieure à celle du Japon (8,6%), de la France (7,8%), des États-Unis (6,8%), de l'Allemagne (5,1%) et du Royaume-Uni (5,0%).

Les années 1980

La valeur des exportations au Groenland était de 421,6 millions de dollars par an dans les années 1980, se classant au 122ème rang mondial à égalité avec l'Albanie (429,9 millions de dollars). La part dans le monde était de 0,016% et de 0,071% dans les Amériques.

La part des exportations dans le PIB du Groenland était de 67,2% dans les années 1980, au 20ème rang mondial.

Les exportations par habitant au Groenland étaient de 7987.4 dollars dans les années 1980, se classant au 14ème rang mondial. Les exportations par habitant au Groenland étaient 15,1 fois supérieures les exportations par habitant au Monde (529,9 US$), et 9,0 fois supérieures les exportations par habitant dans les Amériques (890,9 US$).

La croissance des exportations au Groenland était de 5.5% dans les années 1980, au 55ème rang mondial. La croissance des exportations au Groenland (5,5%) a été supérieure à celle du monde (3,8%), et supérieure à celle des Amériques (5,1%).

Comparaison avec les voisins. La valeur des exportations au Groenland était inférieure à celle du Canada (101,1 milliards de dollars) et de l'Islande (1,4 milliards de dollars). Les exportations par habitant au Groenland étaient supérieures à celles de l'Islande (5 783,7 de

Chapitre X. Exportations

dollars) et du Canada (3 937,4 de dollars). La croissance des exportations au Groenland était supérieure à celle du Canada (4,7%) et de l'Islande (2,8%).

Comparaison avec les leaders. Les exportations du Groenland étaient inférieures à celles des États-Unis (338,6 milliards de dollars), du Japon (210,6 milliards de dollars), de l'Allemagne (208,1 milliards de dollars), de la France (155,9 milliards de dollars) et du Royaume-Uni (155,0 milliards de dollars). Les exportations par habitant au Groenland étaient supérieures à celles de la France (2 757,6 de dollars), du Royaume-Uni (2 744,8 de dollars), de l'Allemagne (2 667,0 de dollars), du Japon (1 736,5 de dollars) et des États-Unis (1 413,8 de dollars). La croissance des exportations au Groenland était supérieure à celle de l'Allemagne (4,7%), de la France (4,0%) et du Royaume-Uni (3,0%); mais inférieure à celle du Japon (6,7%) et des États-Unis (5,7%).

Les années 1990

Les exportations du Groenland étaient de 558,4 millions de dollars par an dans les années 1990, se classant au 146ème rang mondial à égalité avec le Soudan (549,6 millions de dollars), la Mauritanie (545,4 millions de dollars), la Guinée (572,6 millions de dollars). La part dans le monde était de 0,0095% et de 0,044% dans les Amériques.

La part des exportations dans le PIB du Groenland était de 47,5% dans les années 1990, au 52ème rang mondial, à égalité avec le Brunei (47,6%), la Gambie (47,2%), les Caraïbes (47,7%).

Les exportations par habitant au Groenland étaient de 9999.7 dollars dans les années 1990, au 21ème rang mondial, à égalité avec la Suède (10 119,2 de dollars). Les exportations par habitant au Groenland étaient 9,7 fois supérieures les exportations par habitant au Monde (1 029,5 US$), et 6,0 fois supérieures les exportations par habitant dans les Amériques (1 662,5 US$).

La croissance des exportations au Groenland était de -6.1% dans les années 1990, se classant au 193ème rang mondial. La croissance des exportations au Groenland (-6,1%) a été inférieure à celle du monde (6,9%), et inférieure à celle des Amériques (7,3%).

Comparaison avec les voisins. La valeur des exportations au Groenland était inférieure à celle du Canada (205,3 milliards de dollars) et de l'Islande (2,4 milliards de dollars). Les exportations par habitant au Groenland étaient supérieures à celles de l'Islande (9 111,7 de dollars) et du Canada (7 086,9 de dollars). La croissance des exportations au Groenland était inférieure à celle du Canada (8,0%) et de l'Islande (2,2%).

Comparaison avec les leaders. Les exportations du Groenland étaient inférieures à celles des États-Unis (773,6 milliards de dollars), de l'Allemagne (509,0 milliards de dollars), du Japon (418,7 milliards de dollars), de la France (329,8 milliards de dollars) et du Royaume-Uni (324,3 milliards de dollars). Les exportations par habitant au Groenland étaient supérieures à celles de l'Allemagne (6 311,2 de dollars), du Royaume-Uni (5 602,2 de dollars), de la France (5 553,9 de dollars), du Japon (3 320,8 de dollars) et des États-Unis (2 925,3 de dollars). La croissance des exportations au Groenland était inférieure à celle des États-Unis (7,2%), de la France (6,5%), de l'Allemagne (6,0%), du Royaume-Uni (5,7%) et du Japon (4,2%).

Les années 2000

La valeur des exportations au Groenland était de 677,5 millions de dollars par an dans les années 2000, au 169ème rang mondial à égalité avec le Lesotho (669,5 millions de dollars), la Corée du Nord (690,6 millions de dollars). La part dans le monde était de 0,0054% et de 0,028% dans les Amériques.

La structure des exportations: produits primaires (57,7%), articles manufacturés provenant de ressources naturelles (33,0%), articles manufacturés de technologie moyenne (1,6%).

Le Groenland a exporté des marchandises vers le Danemark (86,9%), le Canada (2,5%), l'Espagne (2,2%), les États-Unis (1,6%), le Royaume-Uni (1,1%) et d'autres pays (5,6%).

La part des exportations dans le PIB du Groenland était de 37,3% dans les années 2000, se situant au 98ème rang mondial, à égalité avec la Corée du Sud (37,4%), les Bahamas (37,4%), la Jamaïque (37,5%).

Les exportations par habitant au Groenland étaient de 11948.5 dollars dans les années 2000, se situant au 35ème rang mondial, à égalité avec Curaçao (12 014,4 de dollars). Les exportations par habitant au Groenland étaient 6,2 fois supérieures les exportations par habitant au Monde (1 933,7 US$), et 4,3 fois supérieures les exportations par habitant dans les Amériques (2 781,7 US$).

La croissance des exportations au Groenland était de 1.6% dans les années 2000, au 163ème rang mondial. La croissance des exportations au Groenland (1,6%) a été inférieure à celle du monde (4,8%), et inférieure à celle des Amériques (2,9%).

Comparaison avec les voisins. Les exportations du Groenland étaient inférieures à celles du Canada (398,6 milliards de dollars) et de l'Islande (4,9 milliards de dollars). Les exportations par habitant au Groenland étaient inférieures à celles de l'Islande (16 466,9 de dollars) et du Canada (12 431,5 de dollars). La croissance des exportations au Groenland était supérieure à celle du Canada (-0,37%); mais inférieure à celle de l'Islande (5,8%).

Comparaison avec les leaders. La valeur des exportations au Groenland était inférieure à celle des États-Unis (1,3 billions de dollars), de l'Allemagne (1,0 billions de dollars), de la Chine (780,2 milliards de dollars), du Japon (626,3 milliards de dollars) et du Royaume-Uni (591,1 milliards de dollars). Les exportations par habitant au Groenland étaient supérieures à celles du Royaume-Uni (9 780,7 de dollars), du Japon (4 886,4 de dollars), des États-Unis (4 488,4 de dollars) et de la Chine (588,1 de dollars); mais inférieures à celles de l'Allemagne (12 836,9 de dollars). La croissance des exportations au Groenland était inférieure à celle de la Chine (12,7%), de l'Allemagne (5,0%), du Japon (3,5%), des États-Unis (3,3%) et du Royaume-Uni (2,8%).

Les années 2010

Les exportations du Groenland étaient de 1,1 milliards de dollars par an dans les années 2010, au 174ème rang mondial à égalité avec le Lesotho (1,0 milliards de dollars). La part dans le monde était de 0,0047% et de 0,026% dans les Amériques.

La structure des exportations: produits primaires (66,0%), articles manufacturés provenant de ressources naturelles (24,0%), articles manufacturés de technologie moyenne (4,4%).

Le Groenland a exporté des marchandises vers le Danemark (88,6%), le Portugal (4,1%), l'Islande (3,2%), Taiwan (1,1%), la Suisse (0,67%) et d'autres pays (2,3%).

La part des exportations dans le PIB du Groenland était de 38,8% dans les années 2010, se situant au 98ème rang mondial, à égalité avec la Namibie (38,9%), la Norvège (38,7%), l'Asie centrale (38,6%).

Les exportations par habitant au Groenland étaient de 18827.1 dollars dans les années 2010, se situant au 31ème rang mondial, à égalité avec l'Europe du Nord (18 706,6 de dollars). Les exportations par habitant au Groenland étaient 6,1 fois supérieures les exportations par habitant au Monde (3 098,9 US$), et 4,5 fois supérieures les exportations par habitant dans les Amériques (4 197,2 US$).

La croissance des exportations au Groenland était de 3% dans les années 2010, au 136ème rang mondial, à égalité avec la Nouvelle-Zélande (2,9%), le Népal (2,9%), les Bahamas (3,0%). La croissance des exportations au Groenland (3,0%) a été inférieure à celle du monde (4,4%), et inférieure à celle des Amériques (3,6%).

Comparaison avec les voisins. Les exportations du Groenland étaient 500,0 fois inférieures à celles du Canada (531,8 milliards de dollars) et 8,9 fois inférieures à celles de l'Islande (9,5 milliards de dollars). Les exportations par habitant au Groenland étaient 26,8% supérieures à celles du Canada (14 847,1 de dollars); mais 34,3% inférieures à celles de l'Islande (28 671,6 de dollars). La croissance des exportations au Groenland était inférieure à celle de l'Islande (3,9%) et du Canada (3,4%).

Comparaison avec les leaders. La valeur des exportations au Groenland était 2 156,1 fois inférieure à celle de la Chine (2,3 billions de dollars), 2 133,8 fois inférieure à celle des États-Unis (2,3 billions de dollars), 1 582,5 fois inférieure à celle de l'Allemagne (1,7 billions de dollars), 808,0 fois inférieure à celle du Japon (859,4 milliards de dollars) et 766,3 fois inférieure à celle du Royaume-Uni (815,1 milliards de dollars). Les exportations par habitant au Groenland étaient 51,5% supérieures à celles du Royaume-Uni (12 425,4 de dollars), 2,7 fois supérieures à celles des États-Unis (7 104,2 de dollars), 2,8 fois supérieures à celles du Japon (6 718,2 de dollars) et 11,5 fois supérieures à celles de la Chine (1 635,3 de dollars); mais 8,4% inférieures à celles de l'Allemagne (20 563,4 de dollars). La croissance des exportations au Groenland était inférieure à celle de la Chine (6,8%), de l'Allemagne (4,7%), du Japon (4,6%), des États-Unis (3,7%) et du Royaume-Uni (3,1%).

Chapitre XI. Importations

Les importations du Groenland sont passés de 210,5 millions de dollars par an dans les années 1970 à 1,5 milliards de dollars par an dans les années 2010, c'est-à-dire 1,3 milliards de dollars ou de 7,3 fois. La variation a été de 1,2 milliards de dollars en raison de l'augmentation de 5,3 fois des prix, et de 46,6 millions de dollars en raison de la croissance du taux par habitant de 1,2 fois, et de 33,0 millions de dollars en raison de la croissance démographique. La croissance annuelle moyenne des importations était de 0,88%. La valeur minimale était de 88,5 millions de dollars en 1970. La valeur maximale était de 2,5 milliards de dollars en 2011.

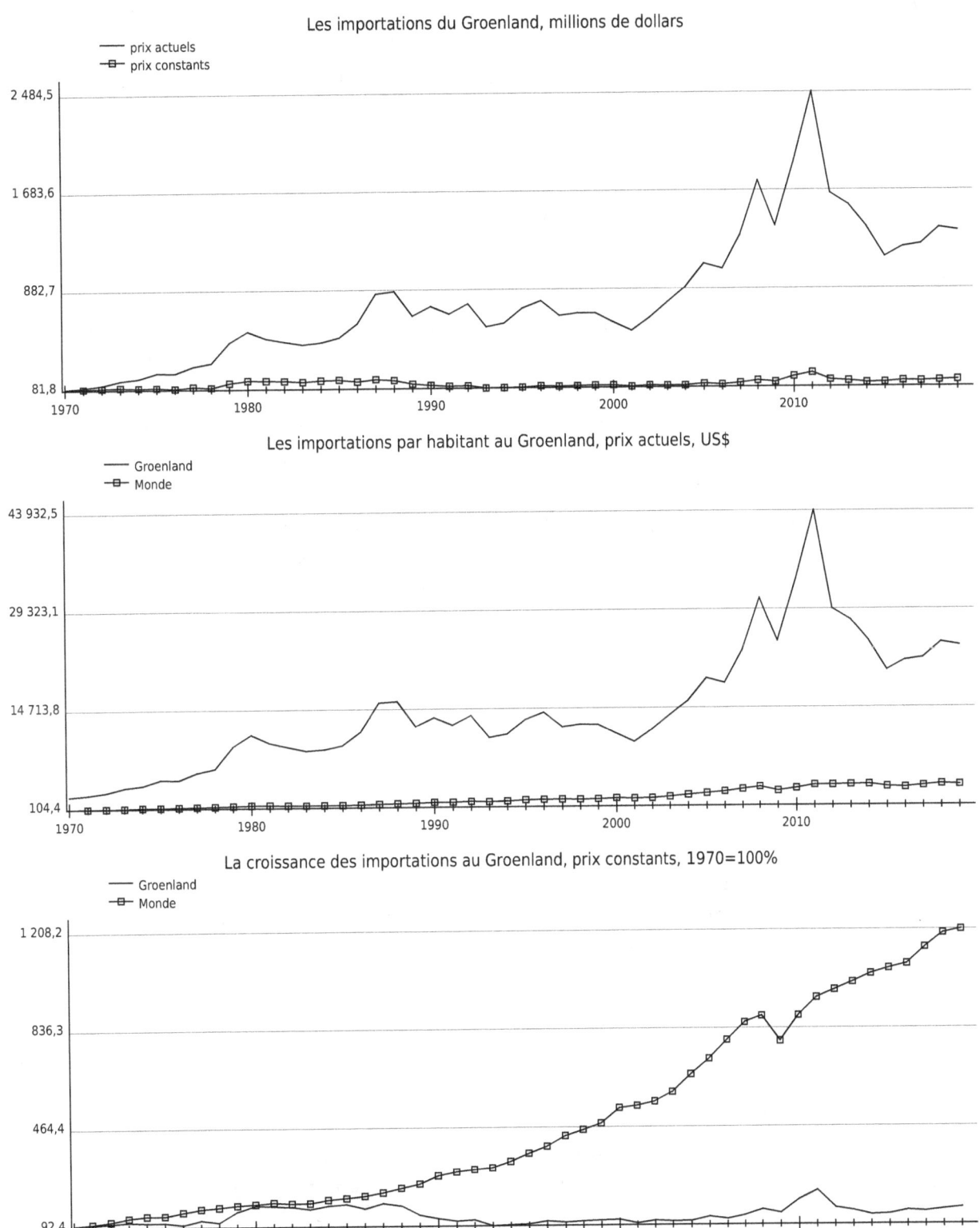

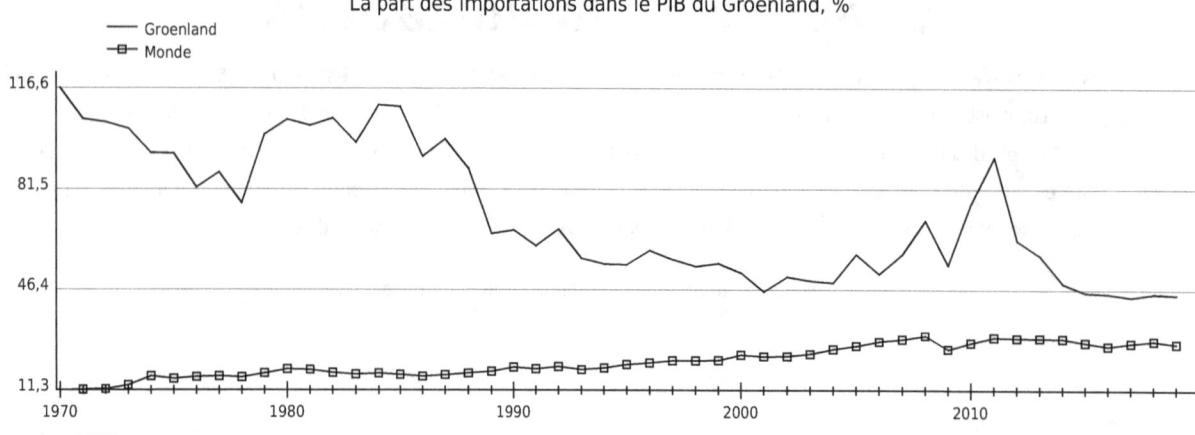

La part des importations dans le PIB du Groenland, %

Les années 1970

Les importations du Groenland étaient de 210,5 millions de dollars par an dans les années 1970, se situant au 136ème rang mondial à égalité avec le Guyana (214,2 millions de dollars). La part dans le monde était de 0,021% et de 0,089% dans les Amériques.

La part des importations dans le PIB du Groenland était de 92,4% dans les années 1970, se classant au 9ème rang mondial, à égalité avec le Panama (92,8%).

Les importations par habitant au Groenland étaient de 4310.5 dollars dans les années 1970, se situant au 9ème rang mondial. Les importations par habitant au Groenland étaient 17,6 fois supérieures les importations par habitant au Monde (244,3 US$), et 10,2 fois supérieures les importations par habitant dans les Amériques (421,7 US$).

La croissance des importations au Groenland était de 4.7% dans les années 1970, au 111ème rang mondial, à égalité avec l'Italie (4,6%), le Viêt Nam (4,7%), les Caraïbes (4,7%). La croissance des importations au Groenland (4,7%) a été inférieure à celle du monde (6,3%), et inférieure à celle des Amériques (5,4%).

Comparaison avec les voisins. La valeur des importations au Groenland était inférieure à celle du Canada (38,2 milliards de dollars) et de l'Islande (561,3 millions de dollars). Les importations par habitant au Groenland étaient supérieures à celles de l'Islande (2 597,5 de dollars) et du Canada (1 670,3 de dollars). La croissance des importations au Groenland était inférieure à celle de l'Islande (6,9%) et du Canada (6,4%).

Comparaison avec les leaders. Les importations du Groenland étaient inférieures à celles des États-Unis (133,2 milliards de dollars), de l'Allemagne (92,5 milliards de dollars), de la France (63,3 milliards de dollars), du Royaume-Uni (62,4 milliards de dollars) et du Japon (61,0 milliards de dollars). Les importations par habitant au Groenland étaient supérieures à celles de la France (1 181,1 de dollars), de l'Allemagne (1 175,1 de dollars), du Royaume-Uni (1 113,2 de dollars), des États-Unis (610,4 de dollars) et du Japon (547,6 de dollars). La croissance des importations au Groenland était supérieure à celle du Royaume-Uni (4,5%); mais inférieure à celle de la France (7,2%), du Japon (7,0%), de l'Allemagne (5,6%) et des États-Unis (5,1%).

Les années 1980

Les importations du Groenland étaient de 591,2 millions de dollars par an dans les années 1980, se classant au 123ème rang mondial à égalité avec le Salvador (586,6 millions de dollars), le Népal (596,4 millions de dollars), le Niger (598,5 millions de dollars). La part dans le monde était de 0,023% et de 0,091% dans les Amériques.

La part des importations dans le PIB du Groenland était de 94,2% dans les années 1980, au 11ème rang mondial, à égalité avec les îles Cook (94,2%), Macao (94,8%).

Les importations par habitant au Groenland étaient de 11201.7 dollars dans les années 1980, au 6ème rang mondial, à égalité avec Monaco (10 931,4 de dollars). Les importations par habitant au Groenland étaient 20,8 fois supérieures les importations par habitant au Monde (539,1 US$), et 11,4 fois supérieures les importations par habitant dans les Amériques (984,9 US$).

La croissance des importations au Groenland était de -1.2% dans les années 1980, se situant au 156ème rang mondial. La croissance des importations au Groenland (-1,2%) a été inférieure à celle du monde (3,8%), et inférieure à celle des Amériques (3,8%).

Comparaison avec les voisins. La valeur des importations au Groenland était inférieure à celle du Canada (94,9 milliards de dollars) et

Chapitre XI. Importations

de l'Islande (1,4 milliards de dollars). Les importations par habitant au Groenland étaient supérieures à celles de l'Islande (5 789,4 de dollars) et du Canada (3 696,1 de dollars). La croissance des importations au Groenland était inférieure à celle du Canada (4,6%) et de l'Islande (2,3%).

Comparaison avec les leaders. Les importations du Groenland étaient inférieures à celles des États-Unis (417,2 milliards de dollars), de l'Allemagne (225,6 milliards de dollars), du Japon (175,9 milliards de dollars), de la France (162,0 milliards de dollars) et du Royaume-Uni (157,7 milliards de dollars). Les importations par habitant au Groenland étaient supérieures à celles de l'Allemagne (2 891,9 de dollars), de la France (2 867,2 de dollars), du Royaume-Uni (2 793,0 de dollars), des États-Unis (1 742,4 de dollars) et du Japon (1 450,4 de dollars). La croissance des importations au Groenland était inférieure à celle des États-Unis (5,8%), du Royaume-Uni (5,1%), du Japon (4,6%), de la France (4,3%) et de l'Allemagne (3,3%).

Les années 1990

La valeur des importations au Groenland était de 693,8 millions de dollars par an dans les années 1990, au 158ème rang mondial à égalité avec le Malawi (696,5 millions de dollars), le Togo (690,3 millions de dollars). La part dans le monde était de 0,012% et de 0,050% dans les Amériques.

La part des importations dans le PIB du Groenland était de 59,0% dans les années 1990, au 46ème rang mondial, à égalité avec les Salomon (59,1%), les Îles Turks-et-Caïcos (58,8%), le Belize (58,8%).

Les importations par habitant au Groenland étaient de 12423.9 dollars dans les années 1990, au 14ème rang mondial. Les importations par habitant au Groenland étaient 12,2 fois supérieures les importations par habitant au Monde (1 015,5 US$), et 6,9 fois supérieures les importations par habitant dans les Amériques (1 812,7 US$).

La croissance des importations au Groenland était de -1.9% dans les années 1990, au 178ème rang mondial, à égalité avec l'Iran (-1,9%). La croissance des importations au Groenland (-1,9%) a été inférieure à celle du monde (6,6%), et inférieure à celle des Amériques (8,2%).

Comparaison avec les voisins. La valeur des importations au Groenland était inférieure à celle du Canada (195,7 milliards de dollars) et de l'Islande (2,4 milliards de dollars). Les importations par habitant au Groenland étaient supérieures à celles de l'Islande (9 104,6 de dollars) et du Canada (6 754,9 de dollars). La croissance des importations au Groenland était inférieure à celle du Canada (6,4%) et de l'Islande (4,4%).

Comparaison avec les leaders. Les importations du Groenland étaient inférieures à celles des États-Unis (874,1 milliards de dollars), de l'Allemagne (501,6 milliards de dollars), du Japon (355,9 milliards de dollars), du Royaume-Uni (330,2 milliards de dollars) et de la France (308,5 milliards de dollars). Les importations par habitant au Groenland étaient supérieures à celles de l'Allemagne (6 220,3 de dollars), du Royaume-Uni (5 705,3 de dollars), de la France (5 194,4 de dollars), des États-Unis (3 305,6 de dollars) et du Japon (2 822,9 de dollars). La croissance des importations au Groenland était inférieure à celle des États-Unis (8,3%), de l'Allemagne (6,4%), de la France (5,1%), du Royaume-Uni (5,1%) et du Japon (3,3%).

Les années 2000

La valeur des importations au Groenland était de 1,0 milliards de dollars par an dans les années 2000, se classant au 169ème rang mondial. La part dans le monde était de 0,0081% et de 0,034% dans les Amériques.

La structure des importations: produits primaires (8,1%), articles manufacturés provenant de ressources naturelles (35,8%), articles manufacturés à faible technologie (18,1%), articles manufacturés de technologie moyenne (23,8%), articles manufacturés à haute technologie (11,4%).

Le Groenland a importé des marchandises en provenance le Danemark (71,2%), la Suède (13,1%), la Norvège (4,9%), le Canada (1,9%), l'Islande (1,3%) et d'autres pays (7,7%).

La part des importations dans le PIB du Groenland était de 55,5% dans les années 2000, au 69ème rang mondial, à égalité avec les Salomon (55,2%), la Papouasie-Nouvelle-Guinée (55,8%).

Les importations par habitant au Groenland étaient de 17757.4 dollars dans les années 2000, se classant au 21ème rang mondial, à égalité avec la Norvège (17 884,6 de dollars). Les importations par habitant au Groenland étaient 9,3 fois supérieures les importations par habitant au Monde (1 899,9 US$), et 5,3 fois supérieures les importations par habitant dans les Amériques (3 354,4 US$).

La croissance des importations au Groenland était de 2% dans les années 2000, se situant au 175ème rang mondial, à égalité avec d'Israël (2,0%). La croissance des importations au Groenland (2,0%) a été inférieure à celle du monde (5,1%), et inférieure à celle des Amériques (3,5%).

Comparaison avec les voisins. La valeur des importations au Groenland était inférieure à celle du Canada (366,5 milliards de dollars) et de l'Islande (5,6 milliards de dollars). Les importations par habitant au Groenland étaient supérieures à celles du Canada (11 430,5 de dollars); mais inférieures à celles de l'Islande (19 077,6 de dollars). La croissance des importations au Groenland était supérieure à celle de l'Islande (0,12%); mais inférieure à celle du Canada (2,3%).

Comparaison avec les leaders. Les importations du Groenland étaient inférieures à celles des États-Unis (1,9 billions de dollars), de l'Allemagne (914,7 milliards de dollars), du Royaume-Uni (641,8 milliards de dollars), de la Chine (641,1 milliards de dollars) et du Japon (566,4 milliards de dollars). Les importations par habitant au Groenland étaient supérieures à celles de l'Allemagne (11 237,8 de dollars), du Royaume-Uni (10 620,4 de dollars), des États-Unis (6 400,9 de dollars), du Japon (4 418,9 de dollars) et de la Chine (483,3 de dollars). La croissance des importations au Groenland était supérieure à celle du Japon (1,8%); mais inférieure à celle de la Chine (15,1%), de l'Allemagne (3,7%), du Royaume-Uni (3,1%) et des États-Unis (2,8%).

Les années 2010

Les importations du Groenland étaient de 1,5 milliards de dollars par an dans les années 2010, se situant au 174ème rang mondial. La part dans le monde était de 0,0069% et de 0,032% dans les Amériques.

La structure des importations: produits primaires (8,4%), articles manufacturés provenant de ressources naturelles (35,8%), articles manufacturés à faible technologie (17,8%), articles manufacturés de technologie moyenne (22,9%), articles manufacturés à haute technologie (11,4%).

Le Groenland a importé des marchandises en provenance le Danemark (62,7%), la Suède (16,7%), l'Islande (3,8%), le Royaume-Uni (3,0%), la Norvège (2,1%) et d'autres pays (11,6%).

La part des importations dans le PIB du Groenland était de 55,9% dans les années 2010, au 67ème rang mondial, à égalité avec le Vanuatu (55,7%), d'Antigua-et-Barbuda (55,6%), les Îles Turks-et-Caïcos (55,6%).

Les importations par habitant au Groenland étaient de 27124 dollars dans les années 2010, au 17ème rang mondial, à égalité avec les Émirats arabes unis (27 680,3 de dollars), Saint-Martin (27 697,6 de dollars). Les importations par habitant au Groenland étaient 9,0 fois supérieures les importations par habitant au Monde (3 015,6 US$), et 5,6 fois supérieures les importations par habitant dans les Amériques (4 884,3 US$).

La croissance des importations au Groenland était de 1.3% dans les années 2010, au 175ème rang mondial. La croissance des importations au Groenland (1,3%) a été inférieure à celle du monde (4,4%), et inférieure à celle des Amériques (3,3%).

Comparaison avec les voisins. La valeur des importations au Groenland était 366,7 fois inférieure à celle du Canada (562,0 milliards de dollars) et 5,4 fois inférieure à celle de l'Islande (8,3 milliards de dollars). Les importations par habitant au Groenland étaient 7,2% supérieures à celles de l'Islande (25 295,2 de dollars) et 72,9% supérieures à celles du Canada (15 688,8 de dollars). La croissance des importations au Groenland était inférieure à celle de l'Islande (5,5%) et du Canada (3,6%).

Comparaison avec les leaders. Les importations du Groenland étaient 1 838,4 fois inférieures à celles des États-Unis (2,8 billions de dollars), 1 350,2 fois inférieures à celles de la Chine (2,1 billions de dollars), 949,3 fois inférieures à celles de l'Allemagne (1,5 billions de dollars), 572,9 fois inférieures à celles du Japon (877,9 milliards de dollars) et 557,8 fois inférieures à celles du Royaume-Uni (854,8 milliards de dollars). Les importations par habitant au Groenland étaient 52,6% supérieures à celles de l'Allemagne (17 771,2 de dollars), 2,1 fois supérieures à celles du Royaume-Uni (13 030,6 de dollars), 3,1 fois supérieures à celles des États-Unis (8 817,8 de dollars), 4,0 fois supérieures à celles du Japon (6 862,7 de dollars) et 18,4 fois supérieures à celles de la Chine (1 475,4 de dollars). La croissance des importations au Groenland était inférieure à celle de la Chine (8,2%), de l'Allemagne (4,8%), des États-Unis (4,4%), du Japon (3,8%) et du Royaume-Uni (3,6%).

Partie IV. Consommation

Chapitre XII. Dépenses publiques

Dépenses de consommation des administrations publiques

Les dépenses publiques du Groenland sont passés de 52,4 millions de dollars par an dans les années 1970 à 1,2 milliards de dollars par an dans les années 2010, c'est-à-dire 1,2 milliards de dollars ou de 23,5 fois. La variation a été de 994,7 millions de dollars en raison de l'augmentation de 5,2 fois des prix, et de 177,5 millions de dollars en raison de la croissance du taux par habitant de 3,9 fois, et de 8,2 millions de dollars en raison de la croissance démographique. La croissance annuelle moyenne des dépenses publiques était de 3,7%. La valeur minimale était de 19,4 millions de dollars en 1970. La valeur maximale était de 1,3 milliards de dollars en 2018.

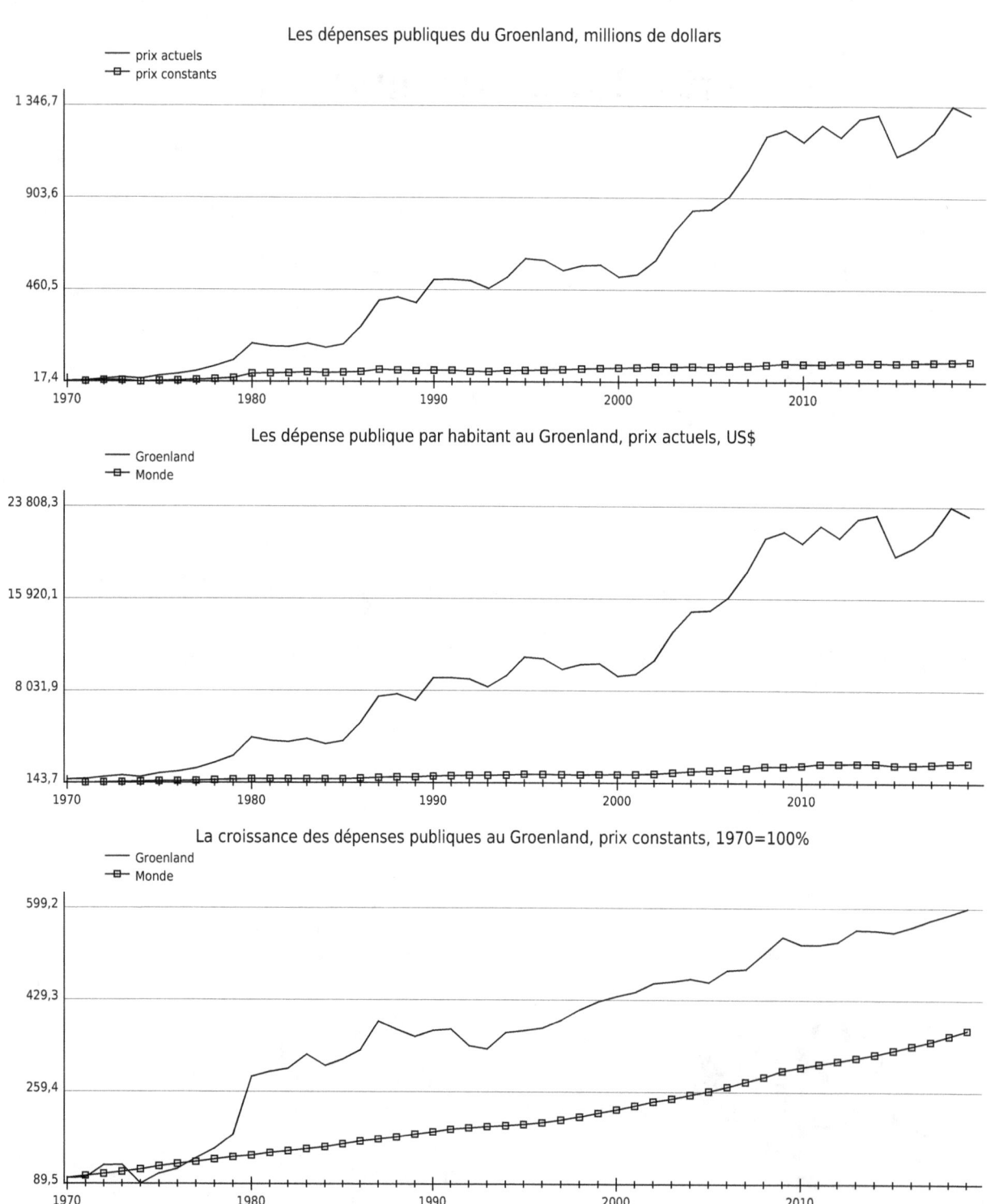

Chapitre XII. Dépenses publiques

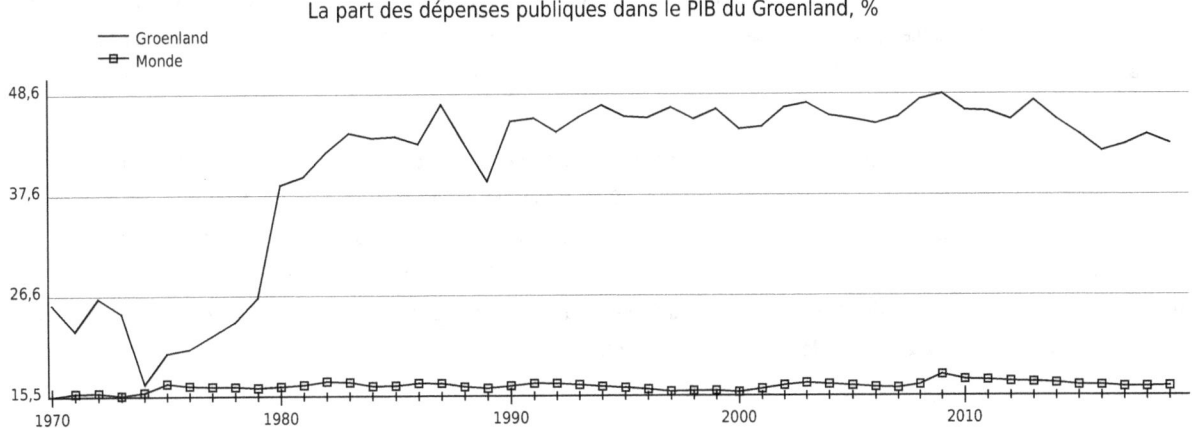

Les années 1970

Les dépense publique du Groenland étaient de 52,4 millions de dollars par an dans les années 1970, au 142ème rang mondial à égalité avec le Botswana (52,7 millions de dollars), le Burundi (51,8 millions de dollars). La part dans le monde était de 0,0049% et de 0,014% dans les Amériques.

La part des dépenses publiques dans le PIB du Groenland était de 23,0% dans les années 1970, se classant au 28ème rang mondial, à égalité avec les Salomon (23,0%).

Les dépense de consommation publique par habitant au Groenland étaient de 1073.6 dollars dans les années 1970, se situant au 24ème rang mondial, à égalité avec l'Europe du Nord (1 066,0 de dollars). Les dépenses publiques par habitant au Groenland étaient 4,0 fois supérieures les dépenses publiques par habitant au Monde (265,2 US$), et 63,8% supérieures les dépenses publiques par habitant dans les Amériques (655,5 US$).

La croissance des dépenses publiques au Groenland était de 6.8% dans les années 1970, se classant au 70ème rang mondial, à égalité avec l'Éthiopie (6,7%), l'Afrique de l'Ouest (6,8%), la Yougoslavie (6,8%). La croissance des dépenses publiques au Groenland (6,8%) a été supérieure à celle du monde (3,7%), et supérieure à celle des Amériques (2,1%).

Comparaison avec les voisins. Les dépense de consommation publique du Groenland étaient inférieures à celles du Canada (35,9 milliards de dollars) et de l'Islande (249,5 millions de dollars). Les dépenses publiques par habitant au Groenland étaient inférieures à celles du Canada (1 570,5 de dollars) et de l'Islande (1 154,8 de dollars). La croissance des dépenses publiques au Groenland était supérieure à celle du Canada (3,4%); mais inférieure à celle de l'Islande (7,5%).

Comparaison avec les leaders. Les dépense de consommation publique du Groenland étaient inférieures à celles des États-Unis (285,9 milliards de dollars), de l'URSS (117,3 milliards de dollars), de l'Allemagne (95,6 milliards de dollars), du Japon (78,0 milliards de dollars) et de la France (64,5 milliards de dollars). Les dépenses publiques par habitant au Groenland étaient supérieures à celles du Japon (700,2 de dollars) et de l'URSS (465,0 de dollars); mais inférieures à celles des États-Unis (1 310,2 de dollars), de l'Allemagne (1 213,7 de dollars) et de la France (1 202,3 de dollars). La croissance des dépenses publiques au Groenland était supérieure à celle du Japon (5,3%), de la France (5,0%), de l'Allemagne (4,4%) et des États-Unis (0,94%); mais inférieure à celle de l'URSS (7,2%).

Les années 1980

Les dépense de consommation publique du Groenland étaient de 267,2 millions de dollars par an dans les années 1980, se classant au 122ème rang mondial à égalité avec la Palestine (267,1 millions de dollars), le Malawi (272,5 millions de dollars). La part dans le monde était de 0,011% et de 0,031% dans les Amériques.

La part des dépenses publiques dans le PIB du Groenland était de 42,6% dans les années 1980, au 6ème rang mondial.

Les dépense publique par habitant au Groenland étaient de 5062 dollars dans les années 1980, au 3ème rang mondial. Les dépense de consommation publique par habitant au Groenland étaient 9,7 fois supérieures les dépense de consommation publique par habitant au Monde (523,5 US$), et 3,9 fois supérieures les dépenses publiques par habitant dans les Amériques (1 287,2 US$).

La croissance des dépenses publiques au Groenland était de 7.2% dans les années 1980, au 20ème rang mondial, à égalité avec le Zimbabwe (7,1%). La croissance des dépenses publiques au Groenland (7,2%) a été supérieure à celle du monde (2,7%), et supérieure à celle des Amériques (2,5%).

Comparaison avec les voisins. Les dépense publique du Groenland étaient inférieures à celles du Canada (84,0 milliards de dollars) et de l'Islande (735,5 millions de dollars). Les dépense de consommation publique par habitant au Groenland étaient supérieures à celles du Canada (3 268,5 de dollars) et de l'Islande (3 061,7 de dollars). La croissance des dépenses publiques au Groenland était supérieure à celle de l'Islande (4,9%) et du Canada (2,1%).

Comparaison avec les leaders. Les dépenses publiques du Groenland étaient inférieures à celles des États-Unis (665,3 milliards de dollars), du Japon (257,4 milliards de dollars), de l'Allemagne (203,7 milliards de dollars), de l'URSS (181,1 milliards de dollars) et de la France (159,8 milliards de dollars). Les dépense publique par habitant au Groenland étaient supérieures à celles de la France (2 826,9 de dollars), des États-Unis (2 778,2 de dollars), de l'Allemagne (2 611,1 de dollars), du Japon (2 122,5 de dollars) et de l'URSS (658,0 de dollars). La croissance des dépenses publiques au Groenland était supérieure à celle de l'URSS (5,4%), du Japon (3,5%), de la France (2,8%), des États-Unis (2,6%) et de l'Allemagne (0,98%).

Les années 1990

Les dépense publique du Groenland étaient de 543,1 millions de dollars par an dans les années 1990, au 130ème rang mondial à égalité avec les Bahamas (545,1 millions de dollars), le Niger (554,7 millions de dollars). La part dans le monde était de 0,012% et de 0,036% dans les Amériques.

La part des dépenses publiques dans le PIB du Groenland était de 46,2% dans les années 1990, se classant au 5ème rang mondial, à égalité avec la Micronésie (46,1%).

Les dépense de consommation publique par habitant au Groenland étaient de 9725.1 dollars dans les années 1990, se classant au 2ème rang mondial. Les dépense publique par habitant au Groenland étaient 11,8 fois supérieures les dépense de consommation publique par habitant au Monde (824,8 US$), et 4,9 fois supérieures les dépense publique par habitant dans les Amériques (1 972,7 US$).

La croissance des dépenses publiques au Groenland était de 1.7% dans les années 1990, au 122ème rang mondial, à égalité avec le Panama (1,7%). La croissance des dépenses publiques au Groenland (1,7%) a été inférieure à celle du monde (2,0%), et supérieure à celle des Amériques (1,1%).

Comparaison avec les voisins. Les dépense de consommation publique du Groenland étaient inférieures à celles du Canada (134,6 milliards de dollars) et de l'Islande (1,5 milliards de dollars). Les dépense publique par habitant au Groenland étaient supérieures à celles de l'Islande (5 672,1 de dollars) et du Canada (4 645,6 de dollars). La croissance des dépenses publiques au Groenland était supérieure à celle du Canada (0,56%); mais inférieure à celle de l'Islande (2,8%).

Comparaison avec les leaders. Les dépense de consommation publique du Groenland étaient inférieures à celles des États-Unis (1,1 billions de dollars), du Japon (651,8 milliards de dollars), de l'Allemagne (419,6 milliards de dollars), de la France (325,4 milliards de dollars) et du Royaume-Uni (234,6 milliards de dollars). Les dépense publique par habitant au Groenland étaient supérieures à celles de la France (5 479,6 de dollars), de l'Allemagne (5 203,8 de dollars), du Japon (5 169,1 de dollars), des États-Unis (4 287,3 de dollars) et du Royaume-Uni (4 053,6 de dollars). La croissance des dépenses publiques au Groenland était supérieure à celle des États-Unis (1,3%); mais inférieure à celle du Japon (3,0%), de l'Allemagne (2,4%), du Royaume-Uni (2,1%) et de la France (1,8%).

Les années 2000

Les dépense publique du Groenland étaient de 847,2 millions de dollars par an dans les années 2000, au 134ème rang mondial à égalité avec l'Albanie (828,9 millions de dollars). La part dans le monde était de 0,011% et de 0,033% dans les Amériques.

La part des dépenses publiques dans le PIB du Groenland était de 46,7% dans les années 2000, au 6ème rang mondial.

Les dépenses publiques par habitant au Groenland étaient de 14940.9 dollars dans les années 2000, se classant au 2ème rang mondial. Les dépenses publiques par habitant au Groenland étaient 12,4 fois supérieures les dépense publique par habitant au Monde (1 200,9 US$), et 5,1 fois supérieures les dépenses publiques par habitant dans les Amériques (2 931,6 US$).

La croissance des dépenses publiques au Groenland était de 2.5% dans les années 2000, au 139ème rang mondial, à égalité avec le Nicaragua (2,5%), les Îles Marshall (2,5%), la Norvège (2,5%). La croissance des dépenses publiques au Groenland (2,5%) a été inférieure à celle du monde (3,1%), et supérieure à celle des Amériques (2,4%).

Comparaison avec les voisins. Les dépense de consommation publique du Groenland étaient inférieures à celles du Canada (218,3 milliards de dollars) et de l'Islande (3,3 milliards de dollars). Les dépense publique par habitant au Groenland étaient supérieures à

Chapitre XII. Dépenses publiques

celles de l'Islande (11 134,7 de dollars) et du Canada (6 808,0 de dollars). La croissance des dépenses publiques au Groenland était inférieure à celle de l'Islande (3,6%) et du Canada (2,6%).

Comparaison avec les leaders. Les dépense publique du Groenland étaient inférieures à celles des États-Unis (1,9 billions de dollars), du Japon (844,2 milliards de dollars), de l'Allemagne (520,1 milliards de dollars), de la France (479,9 milliards de dollars) et du Royaume-Uni (453,4 milliards de dollars). Les dépenses publiques par habitant au Groenland étaient supérieures à celles de la France (7 640,9 de dollars), du Royaume-Uni (7 501,5 de dollars), du Japon (6 586,4 de dollars), des États-Unis (6 545,9 de dollars) et de l'Allemagne (6 389,7 de dollars). La croissance des dépenses publiques au Groenland était supérieure à celle des États-Unis (2,2%), du Japon (1,7%), de la France (1,7%) et de l'Allemagne (1,4%); mais inférieure à celle du Royaume-Uni (2,9%).

Les années 2010

Les dépenses publiques du Groenland étaient de 1,2 milliards de dollars par an dans les années 2010, au 148ème rang mondial à égalité avec le Kirghizistan (1,3 milliards de dollars). La part dans le monde était de 0,0094% et de 0,031% dans les Amériques.

La part des dépenses publiques dans le PIB du Groenland était de 44,9% dans les années 2010, se classant au 6ème rang mondial.

Les dépense de consommation publique par habitant au Groenland étaient de 21820.6 dollars dans les années 2010, au 2ème rang mondial. Les dépense publique par habitant au Groenland étaient 12,2 fois supérieures les dépense de consommation publique par habitant au Monde (1 785,1 US$), et 5,4 fois supérieures les dépenses publiques par habitant dans les Amériques (4 034,3 US$).

La croissance des dépenses publiques au Groenland était de 0.9% dans les années 2010, au 151ème rang mondial, à égalité avec le Suriname (0,96%). La croissance des dépenses publiques au Groenland (0,95%) a été inférieure à celle du monde (2,3%), et supérieure à celle des Amériques (0,45%).

Comparaison avec les voisins. Les dépenses publiques du Groenland étaient 290,0 fois inférieures à celles du Canada (357,5 milliards de dollars) et 3,7 fois inférieures à celles de l'Islande (4,5 milliards de dollars). Les dépenses publiques par habitant au Groenland étaient 58,4% supérieures à celles de l'Islande (13 775,6 de dollars) et 2,2 fois supérieures à celles du Canada (9 981,3 de dollars). La croissance des dépenses publiques au Groenland était inférieure à celle du Canada (1,4%) et de l'Islande (1,1%).

Comparaison avec les leaders. Les dépense de consommation publique du Groenland étaient 2 152,3 fois inférieures à celles des États-Unis (2,7 billions de dollars), 1 362,0 fois inférieures à celles de la Chine (1,7 billions de dollars), 846,0 fois inférieures à celles du Japon (1,0 billions de dollars), 585,3 fois inférieures à celles de l'Allemagne (721,6 milliards de dollars) et 517,4 fois inférieures à celles de la France (637,9 milliards de dollars). Les dépenses publiques par habitant au Groenland étaient 2,3 fois supérieures à celles de la France (9 617,6 de dollars), 2,5 fois supérieures à celles de l'Allemagne (8 815,0 de dollars), 2,6 fois supérieures à celles des États-Unis (8 304,9 de dollars), 2,7 fois supérieures à celles du Japon (8 152,8 de dollars) et 18,2 fois supérieures à celles de la Chine (1 197,3 de dollars). La croissance des dépenses publiques au Groenland était supérieure à celle des États-Unis (0,0052%); mais inférieure à celle de la Chine (8,3%), de l'Allemagne (1,9%), du Japon (1,3%) et de la France (1,3%).

Chapitre XIII. Dépenses ménagères

Dépenses de consommation des ménages

Les dépenses ménagères du Groenland sont passés de 178,3 millions de dollars par an dans les années 1970 à 1,1 milliards de dollars par an dans les années 2010, c'est-à-dire 913,5 millions de dollars ou de 6,1 fois. La variation a été de 874,8 millions de dollars en raison de l'augmentation de 5,0 fois des prix, et de 10,8 millions de dollars en raison de la croissance du taux par habitant de 1,1 fois, et de 28,0 millions de dollars en raison de la croissance démographique. La croissance annuelle moyenne des dépenses ménagères était de 0,45%. La valeur minimale était de 86,0 millions de dollars en 1970. La valeur maximale était de 1,2 milliards de dollars en 2014.

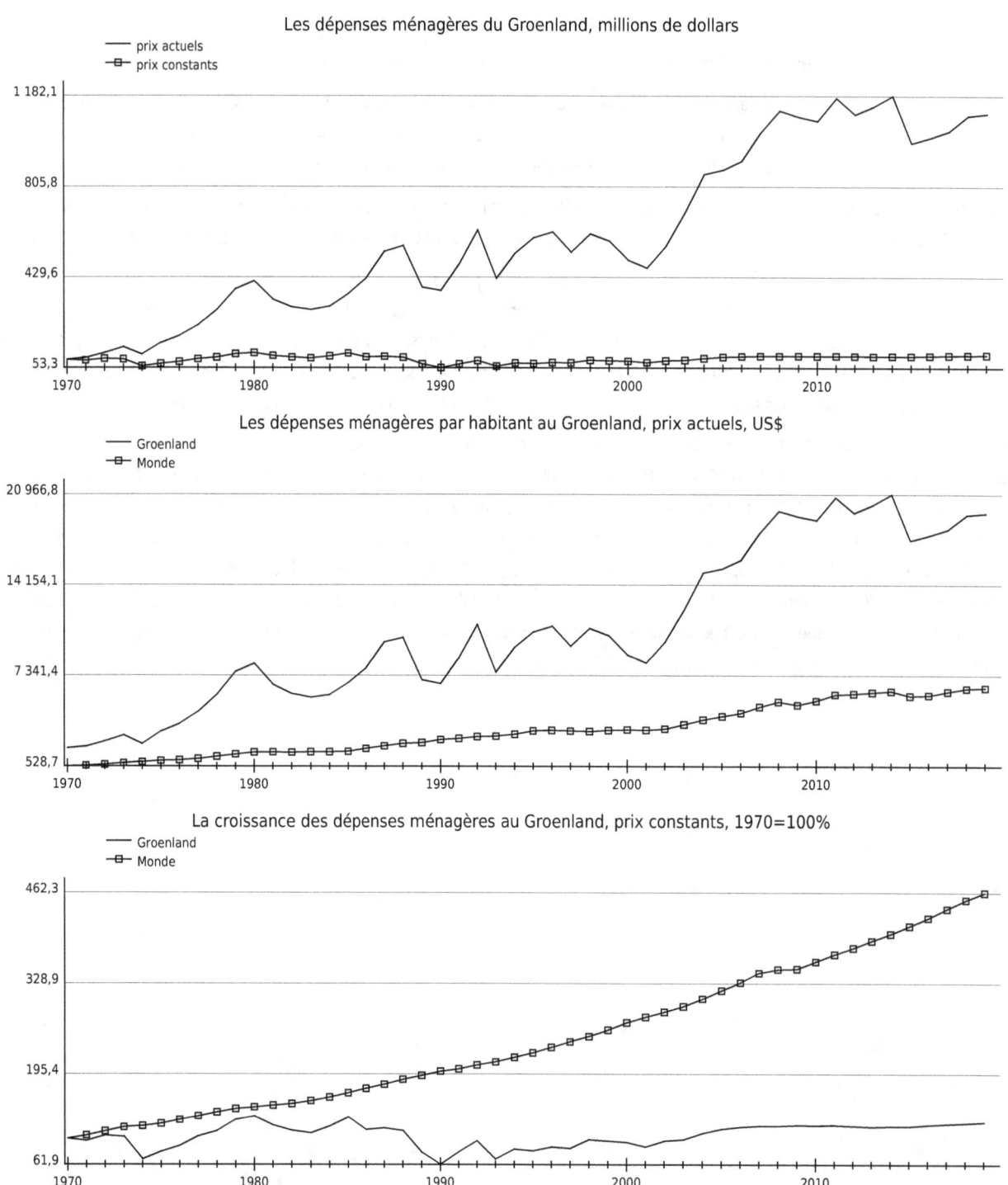

Chapitre XIII. Dépenses ménagères

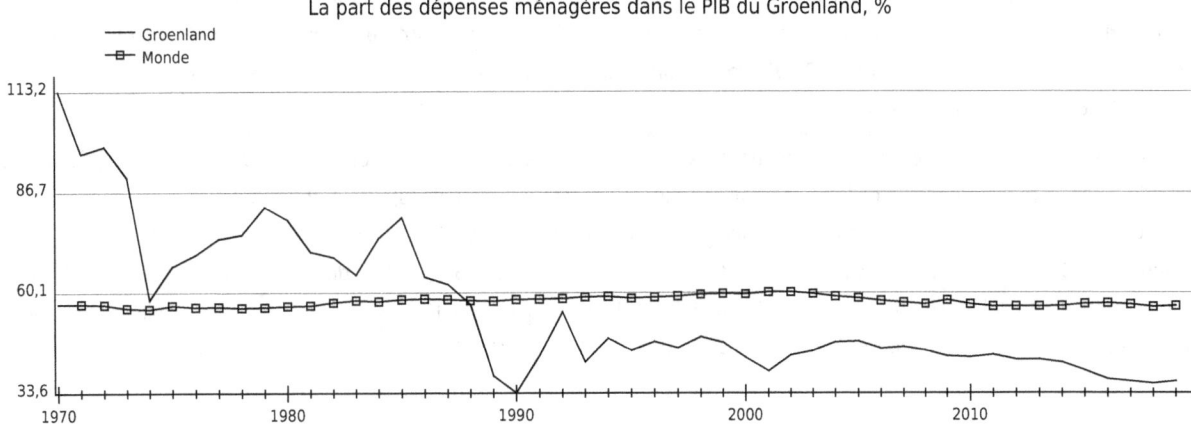

Les années 1970

Les dépenses ménagères du Groenland étaient de 178,3 millions de dollars par an dans les années 1970, se situant au 148ème rang mondial à égalité avec le Liechtenstein (178,8 millions de dollars), le Laos (177,4 millions de dollars), le Botswana (180,6 millions de dollars). La part dans le monde était de 0,0048% et de 0,013% dans les Amériques.

La part des dépenses ménagères dans le PIB du Groenland était de 78,3% dans les années 1970, se situant au 39ème rang mondial, à égalité avec la Colombie (78,1%), Porto Rico (78,4%), l'Inde (77,8%).

Les dépenses ménagères par habitant au Groenland étaient de 3651.4 dollars dans les années 1970, se classant au 18ème rang mondial, à égalité avec l'Australasie (3 736,6 de dollars), les Pays-Bas (3 741,6 de dollars). Les dépenses ménagères par habitant au Groenland étaient 4,0 fois supérieures les dépenses ménagères par habitant au Monde (914,8 US$), et 48,0% supérieures les dépenses ménagères par habitant dans les Amériques (2 467,5 US$).

La croissance des dépenses ménagères au Groenland était de 2.8% dans les années 1970, au 141ème rang mondial. La croissance des dépenses ménagères au Groenland (2,8%) a été inférieure à celle du monde (4,1%), et inférieure à celle des Amériques (4,1%).

Comparaison avec les voisins. Les dépenses ménagères du Groenland étaient inférieures à celles du Canada (90,2 milliards de dollars) et de l'Islande (867,8 millions de dollars). Les dépenses ménagères par habitant au Groenland étaient inférieures à celles de l'Islande (4 016,3 de dollars) et du Canada (3 950,2 de dollars). La croissance des dépenses ménagères au Groenland était inférieure à celle de l'Islande (6,5%) et du Canada (4,6%).

Comparaison avec les leaders. Les dépenses ménagères du Groenland étaient inférieures à celles des États-Unis (1,0 billions de dollars), de l'URSS (310,6 milliards de dollars), du Japon (280,9 milliards de dollars), de l'Allemagne (277,8 milliards de dollars) et de la France (180,7 milliards de dollars). Les dépenses ménagères par habitant au Groenland étaient supérieures à celles de l'Allemagne (3 527,2 de dollars), de la France (3 371,0 de dollars), du Japon (2 523,0 de dollars) et de l'URSS (1 231,6 de dollars); mais inférieures à celles des États-Unis (4 744,5 de dollars). La croissance des dépenses ménagères au Groenland était inférieure à celle du Japon (5,1%), de l'URSS (4,7%), de la France (4,0%), des États-Unis (3,6%) et de l'Allemagne (3,6%).

Les années 1980

Les dépenses ménagères du Groenland étaient de 392,7 millions de dollars par an dans les années 1980, au 150ème rang mondial à égalité avec l'Andorre (386,3 millions de dollars), la Guinée-Bissau (401,3 millions de dollars). La part dans le monde était de 0,0045% et de 0,012% dans les Amériques.

La part des dépenses ménagères dans le PIB du Groenland était de 62,6% dans les années 1980, au 99ème rang mondial, à égalité avec les États-Unis (62,6%), les Salomon (62,6%), les Amériques (62,3%).

Les dépenses ménagères par habitant au Groenland étaient de 7439.2 dollars dans les années 1980, se classant au 19ème rang mondial, à égalité avec l'Europe de l'Ouest (7 437,2 de dollars), l'Australasie (7 392,2 de dollars), l'Allemagne (7 378,3 de dollars). Les dépenses ménagères par habitant au Groenland étaient 4,1 fois supérieures les dépenses ménagères par habitant au Monde (1 808,0 US$), et 46,1% supérieures les dépenses ménagères par habitant dans les Amériques (5 090,2 US$).

La croissance des dépenses ménagères au Groenland était de -4.6% dans les années 1980, au 184ème rang mondial. La croissance des dépenses ménagères au Groenland (-4,6%) a été inférieure à celle du monde (3,0%), et inférieure à celle des Amériques (2,9%).

Comparaison avec les voisins. Les dépenses ménagères du Groenland étaient inférieures à celles du Canada (209,0 milliards de dollars) et de l'Islande (2,4 milliards de dollars). Les dépenses ménagères par habitant au Groenland étaient inférieures à celles de l'Islande (9 977,3 de dollars) et du Canada (8 138,4 de dollars). La croissance des dépenses ménagères au Groenland était inférieure à celle de l'Islande (3,0%) et du Canada (2,6%).

Comparaison avec les leaders. Les dépenses ménagères du Groenland étaient inférieures à celles des États-Unis (2,6 billions de dollars), du Japon (945,6 milliards de dollars), de l'Allemagne (575,7 milliards de dollars), de l'URSS (424,6 milliards de dollars) et du Royaume-Uni (416,5 milliards de dollars). Les dépenses ménagères par habitant au Groenland étaient supérieures à celles de l'Allemagne (7 378,3 de dollars), du Royaume-Uni (7 376,3 de dollars) et de l'URSS (1 542,8 de dollars); mais inférieures à celles des États-Unis (10 904,4 de dollars) et du Japon (7 796,6 de dollars). La croissance des dépenses ménagères au Groenland était inférieure à celle du Japon (3,7%), du Royaume-Uni (3,5%), des États-Unis (3,2%), de l'URSS (3,0%) et de l'Allemagne (1,8%).

Les années 1990

Les dépenses ménagères du Groenland étaient de 536,6 millions de dollars par an dans les années 1990, se classant au 175ème rang mondial à égalité avec Sainte-Lucie (537,6 millions de dollars), le Guyana (537,8 millions de dollars), l'Érythrée (545,7 millions de dollars). La part dans le monde était de 0,0032% et de 0,0083% dans les Amériques.

La part des dépenses ménagères dans le PIB du Groenland était de 45,6% dans les années 1990, se situant au 191ème rang mondial, à égalité avec les îles Cook (45,9%), la Chine (46,0%).

Les dépenses ménagères par habitant au Groenland étaient de 9608.7 dollars dans les années 1990, se situant au 32ème rang mondial, à égalité avec les Îles Vierges britanniques (9 623,3 de dollars), la Polynésie française (9 588,6 de dollars), d'Aruba (9 535,6 de dollars). Les dépenses ménagères par habitant au Groenland étaient 3,2 fois supérieures les dépenses ménagères par habitant au Monde (2 963,9 US$), et 14,5% supérieures les dépenses ménagères par habitant dans les Amériques (8 394,4 US$).

La croissance des dépenses ménagères au Groenland était de 1.9% dans les années 1990, au 134ème rang mondial. La croissance des dépenses ménagères au Groenland (1,9%) a été inférieure à celle du monde (3,0%), et inférieure à celle des Amériques (3,3%).

Comparaison avec les voisins. Les dépenses ménagères du Groenland étaient inférieures à celles du Canada (349,9 milliards de dollars) et de l'Islande (4,2 milliards de dollars). Les dépenses ménagères par habitant au Groenland étaient inférieures à celles de l'Islande (15 855,0 de dollars) et du Canada (12 075,2 de dollars). La croissance des dépenses ménagères au Groenland était inférieure à celle de l'Islande (2,5%) et du Canada (2,3%).

Comparaison avec les leaders. Les dépenses ménagères du Groenland étaient inférieures à celles des États-Unis (4,9 billions de dollars), du Japon (2,3 billions de dollars), de l'Allemagne (1,2 billions de dollars), du Royaume-Uni (884,5 milliards de dollars) et de la France (783,0 milliards de dollars). Les dépenses ménagères par habitant au Groenland étaient inférieures à celles des États-Unis (18 538,8 de dollars), du Japon (18 170,3 de dollars), du Royaume-Uni (15 280,6 de dollars), de l'Allemagne (15 158,9 de dollars) et de la France (13 185,2 de dollars). La croissance des dépenses ménagères au Groenland était supérieure à celle du Japon (1,8%) et de la France (1,8%); mais inférieure à celle des États-Unis (3,4%), du Royaume-Uni (2,8%) et de l'Allemagne (2,1%).

Les années 2000

Les dépenses ménagères du Groenland étaient de 811,3 millions de dollars par an dans les années 2000, se situant au 176ème rang mondial à égalité avec l'Érythrée (800,1 millions de dollars). La part dans le monde était de 0,0030% et de 0,0074% dans les Amériques.

La part des dépenses ménagères dans le PIB du Groenland était de 44,7% dans les années 2000, se situant au 182ème rang mondial.

Les dépenses ménagères par habitant au Groenland étaient de 14308.4 dollars dans les années 2000, au 35ème rang mondial, à égalité avec l'Océanie (14 250,8 de dollars), l'Espagne (14 452,5 de dollars), la Grèce (14 133,5 de dollars). Les dépenses ménagères par habitant au Groenland étaient 3,4 fois supérieures les dépenses ménagères par habitant au Monde (4 208,2 US$), et 14,3% supérieures les dépenses ménagères par habitant dans les Amériques (12 522,4 US$).

La croissance des dépenses ménagères au Groenland était de 2.2% dans les années 2000, au 164ème rang mondial. La croissance des dépenses ménagères au Groenland (2,2%) a été inférieure à celle du monde (3,0%), et inférieure à celle des Amériques (2,7%).

Comparaison avec les voisins. Les dépenses ménagères du Groenland étaient inférieures à celles du Canada (609,6 milliards de dollars) et de l'Islande (7,7 milliards de dollars). Les dépenses ménagères par habitant au Groenland étaient inférieures à celles de

Chapitre XIII. Dépenses ménagères

l'Islande (26 072,8 de dollars) et du Canada (19 009,8 de dollars). La croissance des dépenses ménagères au Groenland était supérieure à celle de l'Islande (1,4%); mais inférieure à celle du Canada (3,2%).

Comparaison avec les leaders. Les dépenses ménagères du Groenland étaient inférieures à celles des États-Unis (8,5 billions de dollars), du Japon (2,6 billions de dollars), de l'Allemagne (1,5 billions de dollars), du Royaume-Uni (1,5 billions de dollars) et de la France (1,1 billions de dollars). Les dépenses ménagères par habitant au Groenland étaient inférieures à celles des États-Unis (28 799,1 de dollars), du Royaume-Uni (24 959,3 de dollars), du Japon (20 355,9 de dollars), de l'Allemagne (18 912,2 de dollars) et de la France (18 146,8 de dollars). La croissance des dépenses ménagères au Groenland était supérieure à celle du Royaume-Uni (2,1%), de la France (2,0%), du Japon (0,81%) et de l'Allemagne (0,46%); mais inférieure à celle des États-Unis (2,4%).

Les années 2010

Les dépenses ménagères du Groenland étaient de 1,1 milliards de dollars par an dans les années 2010, au 181ème rang mondial à égalité avec la Somalie (1,1 milliards de dollars). La part dans le monde était de 0,0025% et de 0,0064% dans les Amériques.

La part des dépenses ménagères dans le PIB du Groenland était de 39,8% dans les années 2010, se classant au 188ème rang mondial.

Les dépenses ménagères par habitant au Groenland étaient de 19325.9 dollars dans les années 2010, au 32ème rang mondial, à égalité avec les Bahamas (19 438,4 de dollars), Saint-Marin (19 751,4 de dollars). Les dépenses ménagères par habitant au Groenland étaient 3,2 fois supérieures les dépenses ménagères par habitant au Monde (6 018,5 US$), et 11,1% supérieures les dépenses ménagères par habitant dans les Amériques (17 389,9 US$).

La croissance des dépenses ménagères au Groenland était de 0.4% dans les années 2010, se classant au 188ème rang mondial. La croissance des dépenses ménagères au Groenland (0,40%) a été inférieure à celle du monde (2,8%), et inférieure à celle des Amériques (2,2%).

Comparaison avec les voisins. Les dépenses ménagères du Groenland étaient 892,2 fois inférieures à celles du Canada (974,2 milliards de dollars) et 8,9 fois inférieures à celles de l'Islande (9,7 milliards de dollars). Les dépenses ménagères par habitant au Groenland étaient 34,5% inférieures à celles de l'Islande (29 525,5 de dollars) et 28,9% inférieures à celles du Canada (27 197,0 de dollars). La croissance des dépenses ménagères au Groenland était inférieure à celle de l'Islande (3,4%) et du Canada (2,5%).

Comparaison avec les leaders. Les dépenses ménagères du Groenland étaient 11 166,5 fois inférieures à celles des États-Unis (12,2 billions de dollars), 3 598,9 fois inférieures à celles de la Chine (3,9 billions de dollars), 2 736,1 fois inférieures à celles du Japon (3,0 billions de dollars), 1 793,7 fois inférieures à celles de l'Allemagne (2,0 billions de dollars) et 1 632,1 fois inférieures à celles du Royaume-Uni (1,8 billions de dollars). Les dépenses ménagères par habitant au Groenland étaient 6,9 fois supérieures à celles de la Chine (2 801,9 de dollars); mais 49,4% inférieures à celles des États-Unis (38 161,2 de dollars), 28,9% inférieures à celles du Royaume-Uni (27 164,8 de dollars), 19,2% inférieures à celles de l'Allemagne (23 925,0 de dollars) et 17,2% inférieures à celles du Japon (23 352,2 de dollars). La croissance des dépenses ménagères au Groenland était inférieure à celle de la Chine (8,3%), des États-Unis (2,4%), du Royaume-Uni (1,8%), de l'Allemagne (1,4%) et du Japon (0,64%).

Partie V. Reproduction

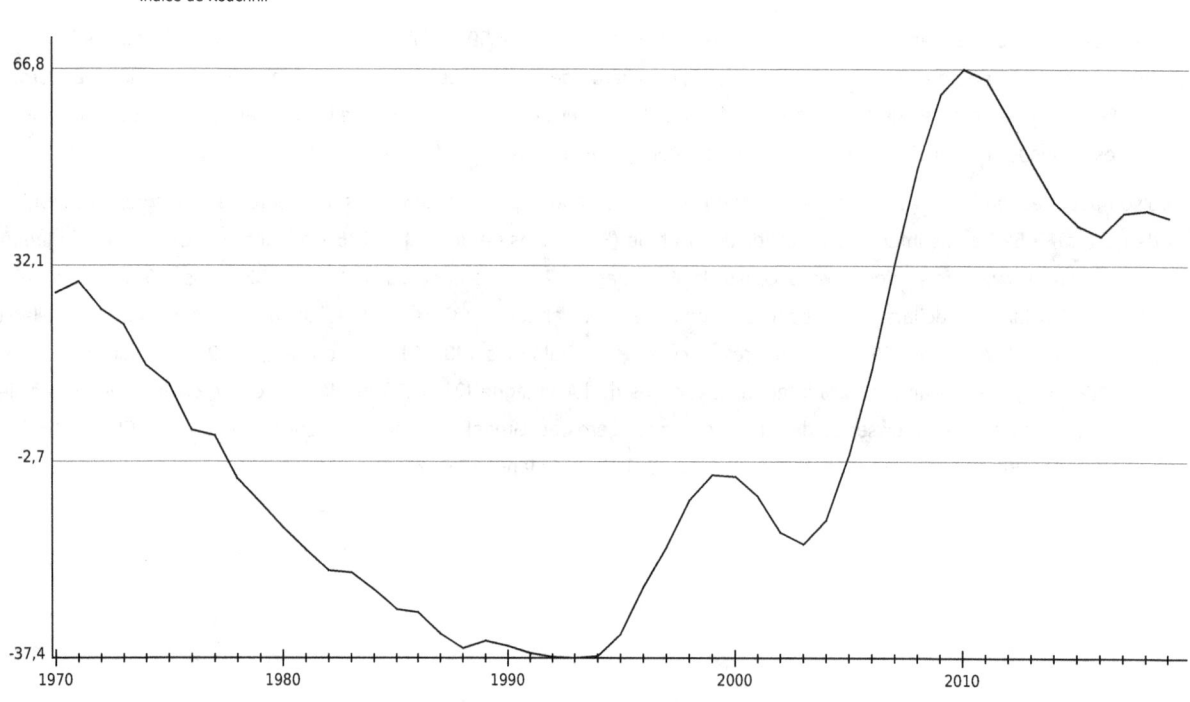

Indice de Kouchnir, (-) consommation - (+) reproduction

Chapitre XIV. Formation de capital fixe

Formation brute de capital fixe

La formation de capital du Groenland est passé de 89,8 millions de dollars par an dans les années 1970 à 890,9 millions de dollars par an dans les années 2010, c'est-à-dire 801,2 millions de dollars ou de 9,9 fois. La variation a été de 705,6 millions de dollars en raison de l'augmentation de 4,8 fois des prix, et de 81,5 millions de dollars en raison de la croissance du taux par habitant de 1,8 fois, et de 14,1 millions de dollars en raison de la croissance démographique. La croissance annuelle moyenne de la formation brute de capital fixe était de 1,8%. La valeur minimale était de 35,3 millions de dollars en 1970. La valeur maximale était de 1,7 milliards de dollars en 2011.

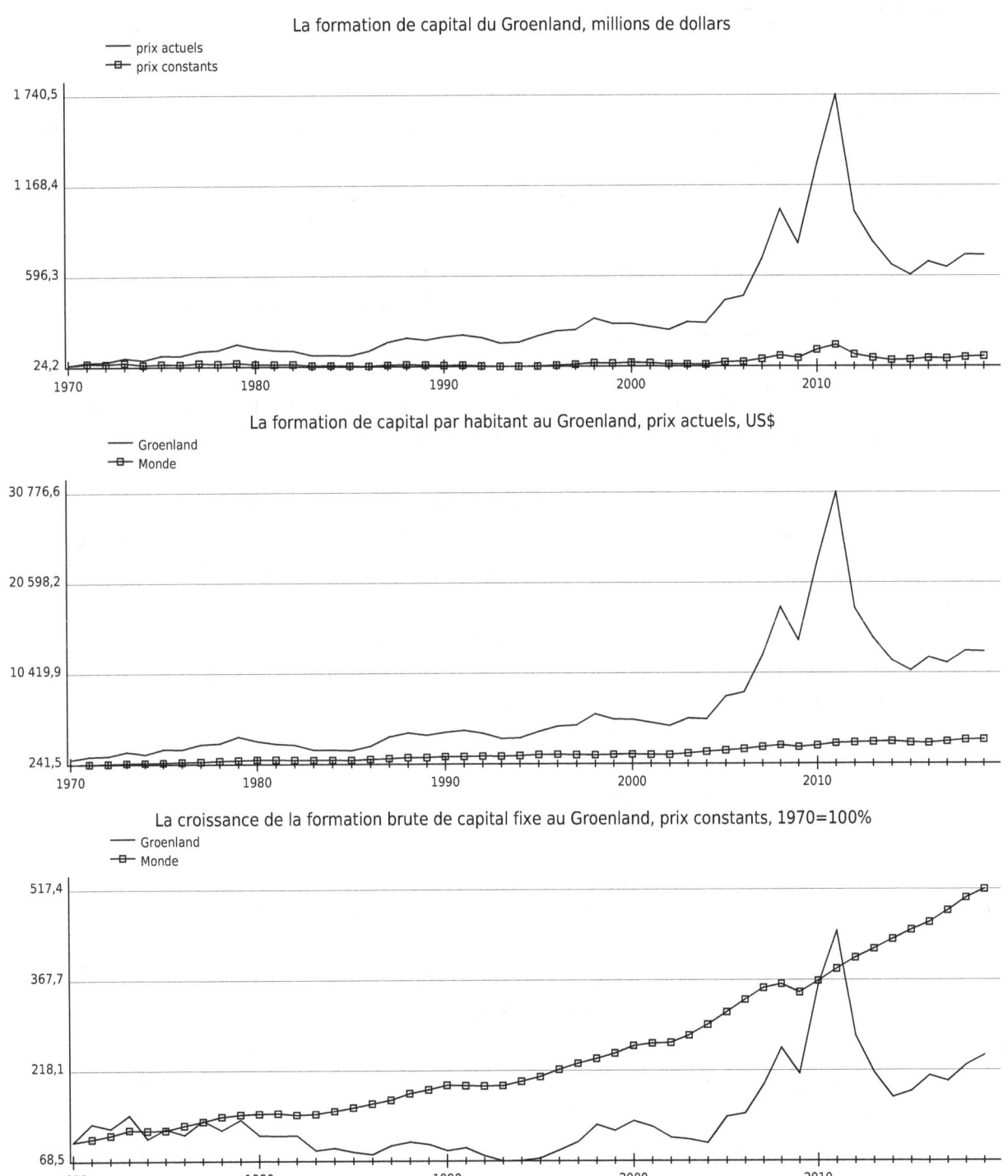

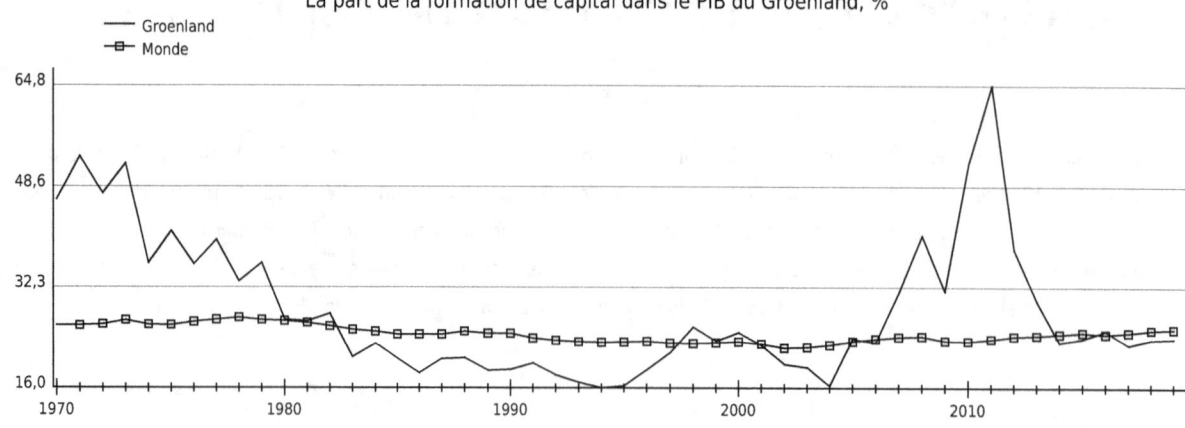

La part de la formation de capital dans le PIB du Groenland, %

Les années 1970

La formation de capital fixe du Groenland était de 89,8 millions de dollars par an dans les années 1970, se situant au 136ème rang mondial à égalité avec Sierra Leone (90,1 millions de dollars), le Tchad (91,1 millions de dollars), Macao (87,6 millions de dollars). La part dans le monde était de 0,0051% et de 0,018% dans les Amériques.

La part de la formation de capital dans le PIB du Groenland était de 39,4% dans les années 1970, se situant au 11ème rang mondial, à égalité avec la Hongrie (39,3%), le Gabon (39,2%), l'Algérie (39,7%).

La formation de capital fixe par habitant au Groenland était de 1838.2 dollars dans les années 1970, au 16ème rang mondial, à égalité avec la Polynésie française (1 839,4 de dollars), le Danemark (1 849,5 de dollars). La formation de capital par habitant au Groenland était 4,2 fois supérieure la formation de capital fixe par habitant au Monde (433,5 US$), et 2,0 fois supérieure la formation de capital par habitant dans les Amériques (913,4 US$).

La croissance de la formation de capital au Groenland était de 3.5% dans les années 1970, au 124ème rang mondial, à égalité avec Djibouti (3,5%). La croissance de la formation de capital au Groenland (3,5%) a été inférieure à celle du monde (4,2%), et inférieure à celle des Amériques (5,3%).

Comparaison avec les voisins. La formation de capital du Groenland était inférieure à celle du Canada (38,6 milliards de dollars) et de l'Islande (495,3 millions de dollars). La formation de capital fixe par habitant au Groenland était supérieure à celle du Canada (1 687,5 de dollars); mais inférieure à celle de l'Islande (2 292,1 de dollars). La croissance de la formation brute de capital fixe au Groenland était inférieure à celle de l'Islande (6,4%) et du Canada (5,1%).

Comparaison avec les leaders. La formation de capital du Groenland était inférieure à celle des États-Unis (381,9 milliards de dollars), de l'URSS (214,6 milliards de dollars), du Japon (191,6 milliards de dollars), de l'Allemagne (125,8 milliards de dollars) et de la France (82,9 milliards de dollars). La formation de capital par habitant au Groenland était supérieure à celle des États-Unis (1 750,0 de dollars), du Japon (1 720,7 de dollars), de l'Allemagne (1 597,2 de dollars), de la France (1 545,4 de dollars) et de l'URSS (850,9 de dollars). La croissance de la formation brute de capital fixe au Groenland était supérieure à celle de l'URSS (3,2%), de la France (2,7%) et de l'Allemagne (1,5%); mais inférieure à celle des États-Unis (4,4%) et du Japon (3,9%).

Les années 1980

La formation de capital fixe du Groenland était de 137,2 millions de dollars par an dans les années 1980, au 144ème rang mondial à égalité avec d'Aruba (138,5 millions de dollars), l'Andorre (138,8 millions de dollars). La part dans le monde était de 0,0036% et de 0,011% dans les Amériques.

La part de la formation brute de capital fixe dans le PIB du Groenland était de 21,9% dans les années 1980, se classant au 96ème rang mondial, à égalité avec la Mélanésie (21,8%), l'Amérique du Sud (21,8%), le Sri Lanka (22,0%).

La formation de capital fixe par habitant au Groenland était de 2599.9 dollars dans les années 1980, se situant au 28ème rang mondial. La formation de capital par habitant au Groenland était 3,3 fois supérieure la formation de capital fixe par habitant au Monde (790,9 US$), et 40,7% supérieure la formation de capital par habitant dans les Amériques (1 848,1 US$).

La croissance de la formation de capital au Groenland était de -3.5% dans les années 1980, se classant au 161ème rang mondial. La croissance de la formation brute de capital fixe au Groenland (-3,5%) a été inférieure à celle du monde (2,5%), et inférieure à celle

Chapitre XIV. Formation de capital fixe

des Amériques (1,9%).

Comparaison avec les voisins. La formation de capital du Groenland était inférieure à celle du Canada (85,3 milliards de dollars) et de l'Islande (981,8 millions de dollars). La formation de capital fixe par habitant au Groenland était inférieure à celle de l'Islande (4 087,1 de dollars) et du Canada (3 322,1 de dollars). La croissance de la formation brute de capital fixe au Groenland était inférieure à celle du Canada (3,9%) et de l'Islande (1,8%).

Comparaison avec les leaders. La formation de capital fixe du Groenland était inférieure à celle des États-Unis (958,4 milliards de dollars), du Japon (571,7 milliards de dollars), de l'URSS (271,0 milliards de dollars), de l'Allemagne (238,1 milliards de dollars) et de la France (164,3 milliards de dollars). La formation de capital par habitant au Groenland était supérieure à celle de l'URSS (984,8 de dollars); mais inférieure à celle du Japon (4 713,7 de dollars), des États-Unis (4 002,1 de dollars), de l'Allemagne (3 052,1 de dollars) et de la France (2 907,7 de dollars). La croissance de la formation de capital au Groenland était inférieure à celle du Japon (4,8%), des États-Unis (3,1%), de la France (2,4%), de l'URSS (1,7%) et de l'Allemagne (1,4%).

Les années 1990

La formation de capital du Groenland était de 232,2 millions de dollars par an dans les années 1990, se situant au 165ème rang mondial. La part dans le monde était de 0,0034% et de 0,011% dans les Amériques.

La part de la formation de capital dans le PIB du Groenland était de 19,7% dans les années 1990, au 138ème rang mondial, à égalité avec les Tonga (19,7%), la Polynésie française (19,7%), le Canada (19,8%).

La formation de capital fixe par habitant au Groenland était de 4158.3 dollars dans les années 1990, se situant au 34ème rang mondial, à égalité avec le Canada (4 207,9 de dollars), le Qatar (4 256,7 de dollars). La formation de capital fixe par habitant au Groenland était 3,5 fois supérieure la formation de capital fixe par habitant au Monde (1 183,8 US$), et 54,3% supérieure la formation de capital par habitant dans les Amériques (2 694,1 US$).

La croissance de la formation brute de capital fixe au Groenland était de 2.1% dans les années 1990, au 124ème rang mondial, à égalité avec la Gambie (2,1%). La croissance de la formation brute de capital fixe au Groenland (2,1%) a été inférieure à celle du monde (2,8%), et inférieure à celle des Amériques (4,4%).

Comparaison avec les voisins. La formation de capital fixe du Groenland était inférieure à celle du Canada (121,9 milliards de dollars) et de l'Islande (1,5 milliards de dollars). La formation de capital fixe par habitant au Groenland était inférieure à celle de l'Islande (5 772,9 de dollars) et du Canada (4 207,9 de dollars). La croissance de la formation de capital au Groenland était supérieure à celle du Canada (1,8%); mais inférieure à celle de l'Islande (3,7%).

Comparaison avec les leaders. La formation de capital du Groenland était inférieure à celle des États-Unis (1,6 billions de dollars), du Japon (1,3 billions de dollars), de l'Allemagne (520,7 milliards de dollars), de la France (299,3 milliards de dollars) et du Royaume-Uni (250,0 milliards de dollars). La formation de capital fixe par habitant au Groenland était inférieure à celle du Japon (10 425,9 de dollars), de l'Allemagne (6 456,6 de dollars), des États-Unis (6 067,2 de dollars), de la France (5 039,5 de dollars) et du Royaume-Uni (4 319,1 de dollars). La croissance de la formation brute de capital fixe au Groenland était supérieure à celle du Royaume-Uni (1,7%), de la France (1,5%) et du Japon (0,18%); mais inférieure à celle des États-Unis (4,8%) et de l'Allemagne (2,4%).

Les années 2000

La formation de capital du Groenland était de 484,9 millions de dollars par an dans les années 2000, au 165ème rang mondial à égalité avec le Guyana (489,7 millions de dollars), l'Eswatini (476,1 millions de dollars). La part dans le monde était de 0,0044% et de 0,014% dans les Amériques.

La part de la formation brute de capital fixe dans le PIB du Groenland était de 26,7% dans les années 2000, au 56ème rang mondial, à égalité avec l'Algérie (26,7%), Sao Tomé-et-Principe (26,7%), les Bahamas (26,6%).

La formation de capital par habitant au Groenland était de 8551.6 dollars dans les années 2000, se classant au 22ème rang mondial, à égalité avec la Finlande (8 687,5 de dollars), la Nouvelle-Calédonie (8 401,6 de dollars), l'Autriche (8 725,2 de dollars). La formation de capital par habitant au Groenland était 5,1 fois supérieure la formation de capital fixe par habitant au Monde (1 690,7 US$), et 2,1 fois supérieure la formation de capital fixe par habitant dans les Amériques (4 079,3 US$).

La croissance de la formation brute de capital fixe au Groenland était de 6% dans les années 2000, se situant au 86ème rang mondial, à égalité avec la Moldavie (6,0%). La croissance de la formation brute de capital fixe au Groenland (6,0%) a été supérieure à celle du monde (3,5%), et supérieure à celle des Amériques (1,3%).

Comparaison avec les voisins. La formation de capital fixe du Groenland était inférieure à celle du Canada (241,2 milliards de dollars) et de l'Islande (3,6 milliards de dollars). La formation de capital par habitant au Groenland était supérieure à celle du Canada (7 523,0 de dollars); mais inférieure à celle de l'Islande (12 167,9 de dollars). La croissance de la formation de capital au Groenland était supérieure à celle du Canada (3,2%) et de l'Islande (-2,1%).

Comparaison avec les leaders. La formation de capital fixe du Groenland était inférieure à celle des États-Unis (2,8 billions de dollars), du Japon (1,2 billions de dollars), de la Chine (1,0 billions de dollars), de l'Allemagne (557,7 milliards de dollars) et de la France (463,9 milliards de dollars). La formation de capital par habitant au Groenland était supérieure à celle de la France (7 386,7 de dollars), de l'Allemagne (6 851,1 de dollars) et de la Chine (782,2 de dollars); mais inférieure à celle des États-Unis (9 376,4 de dollars) et du Japon (8 981,8 de dollars). La croissance de la formation de capital au Groenland était supérieure à celle de la France (1,6%), des États-Unis (0,43%), de l'Allemagne (-0,56%) et du Japon (-2,0%); mais inférieure à celle de la Chine (13,4%).

Les années 2010

La formation de capital du Groenland était de 890,9 millions de dollars par an dans les années 2010, se classant au 162ème rang mondial à égalité avec le Malawi (869,7 millions de dollars). La part dans le monde était de 0,0046% et de 0,017% dans les Amériques.

La part de la formation de capital dans le PIB du Groenland était de 32,5% dans les années 2010, se classant au 22ème rang mondial, à égalité avec l'Asie (32,3%), la Mongolie (32,7%), l'Indonésie (32,2%).

La formation de capital fixe par habitant au Groenland était de 15769.9 dollars dans les années 2010, au 8ème rang mondial. La formation de capital par habitant au Groenland était 6,0 fois supérieure la formation de capital fixe par habitant au Monde (2 621,1 US$), et 3,0 fois supérieure la formation de capital fixe par habitant dans les Amériques (5 284,2 US$).

La croissance de la formation de capital au Groenland était de 1.3% dans les années 2010, se classant au 146ème rang mondial, à égalité avec d'Antigua-et-Barbuda (1,4%). La croissance de la formation brute de capital fixe au Groenland (1,3%) a été inférieure à celle du monde (4,1%), et inférieure à celle des Amériques (2,9%).

Comparaison avec les voisins. La formation de capital fixe du Groenland était 449,6 fois inférieure à celle du Canada (400,6 milliards de dollars) et 4,0 fois inférieure à celle de l'Islande (3,6 milliards de dollars). La formation de capital fixe par habitant au Groenland était 41,0% supérieure à celle du Canada (11 182,7 de dollars) et 45,6% supérieure à celle de l'Islande (10 832,6 de dollars). La croissance de la formation brute de capital fixe au Groenland était inférieure à celle de l'Islande (6,5%) et du Canada (1,9%).

Comparaison avec les leaders. La formation de capital du Groenland était 5 076,3 fois inférieure à celle de la Chine (4,5 billions de dollars), 4 039,5 fois inférieure à celle des États-Unis (3,6 billions de dollars), 1 358,3 fois inférieure à celle du Japon (1,2 billions de dollars), 844,6 fois inférieure à celle de l'Allemagne (752,5 milliards de dollars) et 782,0 fois inférieure à celle de l'Inde (696,8 milliards de dollars). La formation de capital fixe par habitant au Groenland était 40,0% supérieure à celle des États-Unis (11 264,9 de dollars), 66,7% supérieure à celle du Japon (9 460,2 de dollars), 71,5% supérieure à celle de l'Allemagne (9 192,9 de dollars), 4,9 fois supérieure à celle de la Chine (3 224,9 de dollars) et 29,5 fois supérieure à celle de l'Inde (535,2 de dollars). La croissance de la formation brute de capital fixe au Groenland était inférieure à celle de la Chine (8,0%), de l'Inde (5,8%), des États-Unis (3,8%), de l'Allemagne (2,8%) et du Japon (1,8%).

www.ingramcontent.com/pod-product-compliance
Lightning Source LLC
Chambersburg PA
CBHW080525220526
45465CB00006B/2605